죽기 전에 크리스천이
꼭 해야 할
88가지

북오션은 책에 관한 아이디어와 원고를 설레는 마음으로 기다리고 있습니다. 책으로 만들고 싶은 아이디어가 있으신 분은 이메일(bookrose@naver.com)로 간단한 개요와 취지, 연락처 등을 보내주세요. 머뭇거리지 말고 문을 두드리세요. 길이 열릴 것입니다.

죽기 전에 크리스천이
꼭 해야 할 88가지

초   판 1쇄 발행 | 2008년 5월 1일
개 정 판 1쇄 발행 | 2012년 7월 30일
개정2판 1쇄 발행 | 2012년 10월 30일
개정3판 1쇄 발행 | 2015년 4월 24일

지은이 | 김진혁
펴낸이 | 박영욱
펴낸곳 | (주)북오션

경영총괄 | 정희숙
편   집 | 지태진 · 조병세
마케팅 | 최석진 · 임동건
표지 및 본문 디자인 | 서정희
법률자문 | 법무법인 광평 대표 변호사 안성용(02-525-3001)
세무자문 | 세무법인 한울 대표 세무사 정석길(02-6220-6100)

주   소 | 서울시 마포구 서교동 468-2
이메일 | bookrose@naver.com
페이스북 | bookocean
전   화 | 편집문의: 02-325-9172   영업문의: 02-322-6709
팩   스 | 02-3143-3964

출판신고번호 | 제313-2007-000197호

ISBN 978-89-6799-200-2 (03230)

이 도서의 국립중앙도서관 출판예정도서목록(CIP)은 서지정보유통지원시스템
홈페이지(http://seoji.nl.go.kr)와 국가자료공동목록시스템(http://www.nl.go.kr/kolisnet)
에서 이용하실 수 있습니다. (CIP제어번호: CIP2015010895)

죽기 전에 크리스천이
꼭 해야 할
88가지

김진혁 지음

북오션

믿음, 소망, 사랑의 실천이
이끄는 삶의 메시지

"내 형제들아 만일 사람이 믿음이 있노라 하고 행함이 없으면 무슨 유익이 있으리요 그 믿음이 능히 자기를 구원하겠느냐" (야고보서 2:14)

행함이 없는 믿음은 죽은 것과 다름이 없습니다. 하나님이 기뻐하시는 신앙 생활은 하나님 앞에서 올바르게 행동할 뿐만 아니라 세상에서도 모범이 되는 삶을 사는 것입니다. 경제가 어려워지고 사회 윤리가 무너져 혼돈이 우리 세상에 가득합니다. 하지만 더욱 가슴 아픈 일은 교회가 권위를 잃고 크리스천들이 본분을 잊어 오히려 사회적 문제로 변해가는 것입니다. 많은 젊은이들이 교회에 관심을 보이지 않고 있습니다. 교회가 이들의 삶에 구체적인 비전을 제시하지 못할 뿐만 아니라, 예수님의 복음을 온전히 전하지도 못했기 때문입니다.

지성인이라면 신의 존재를 부정해야 한다는 잘못된 사고방식이 우리 사회에 팽배하고 있습니다. 창조에 관한 깊은 성찰도 없이 눈에 보이는 것을 전부라 생각하는 우물 안 개구리 같은 사람들이 많습니다. 그러나 가장 큰 문제는 크리스천들조차 그렇게 생각한다는 것입니다. 예수님도 이미 아셨습니다.

"너희가 비판하는 그 비판으로 너희가 비판을 받을 것이요 너희가 헤아리는 그 헤아림으로 너희가 헤아림을 받을 것이니라" (마태복음 7:2)

우리 모두는 하나님을 위해 창조되었으며 각자의 소명에 따라 항상 기쁘게 살아야 하는 의무가 있습니다. 복음의 실천을 통해 자신이 태어나기 이전보다 세상을 조금이라도 좋아지게 만드는 것이 우리의 의무입니다. 행함 자체가 구원을 가져다 주지는 않지만, 참된 믿음은 행함으로 드러나는 것입니다. 허수아비는 결코 새를 잡을 수 없습니다.

앨빈 토플러는 《부의 미래》에서 부의 분배, 경제구조, 지식사회 등이 급변하여, 부의 창출 요인인 시간·공간·지식이 이전 세대와는 훨씬 광범위하게 변화할 것으로 예측했습니다. 또한 우리 세대가

부의 편중, 가정 붕괴, 환경오염 등 치유하기 어려운 상황에 돌입했다고 경고했습니다. 단지 세상 일일 뿐이라며 등을 돌리고 앉아 있을 수는 없습니다. 다시 한 번 강조하지만 행함이 없는 믿음은 공허할 뿐입니다. 우리는 무엇을 해야 합니까?

이것에 대한 현실적인 대처방법은 그리 어렵지 않습니다. 크리스천이라면 모든 생각이 인간이 아닌 하나님으로부터 출발해야 합니다. 누구나 쉽게 건강을 유지하고, 경제적으로 자립하고, 영성을 회복하면 세상은 아름답게 변할 수 있습니다. 여기서 영성이란 하나님이 우리에게 거하시는 인성을 의미합니다. 우리에게 영성이 존재하면 영적인 행동이 몸으로 저절로 나타납니다. 따라서 정신적 삶의 풍요를 위해서는 반드시 하나님과 함께해야 한다는 귀결에 이르게 됩니다.

미래학자 존 나이스비트와 함께 《메가트렌드 2000》를 쓴 패트리셔 애버딘은 "당신 안에 잠들어 있는 영성을 깨워라"라는 메시지를 전하며 영성의 시대를 예고했습니다. 세상을 변화시키는 거대한 흐름에 영적인 사람이 늘어나고 있으며, 영성은 우리의 지각을 변하게 하여 미처 보지 못한 진실에 눈을 뜨게 한다는 것입니다. 바로 이 시대 최고의 메가트렌드는 여성에 관한 탐구, 내적인 평화, 명상, 웰빙, 기도, 인간관계, 삶의 목적, 미션 등이 될 것이라고 합니다.

저는 이 책을 쓰며 '크리스천은 무엇을 위해 살아야 하는가' 라는 질문에 대한 답을 찾고자 했습니다. 믿음, 소망, 사랑, 회개, 찬양에 대한 이야기와 위대한 신앙인들의 사상에 접근해 보았습니다.

이 책이 교회와 세상을 만나게 하는 마중물이 되었으면 합니다. 많은 사람들이 크리스천으로서의 아름다운 삶을 실천하는 계기가 되었으면 합니다. 평범하지만 소중한 가치를 깨닫고 삶에서 증거하는 크리스천이 많아지는 데 기여했으면 합니다.

오직 여호와만이 나의 산성이시요, 힘이 되심을 고백합니다. 책을 출간해 주신 북오션 출판사의 박영욱 대표님과 임직원들께 깊은 감사를 드립니다.

2015년 4월

김진혁

Chapter **1** : 충만한 영적 생활

Chapter **2** : 이 땅에 하나님을 세워라

Chapter 5 : 하나님이 주신 사명을 소망하라

Chapter 1

:

충만한 영적 생활

88 Things to Do Before Christians Die

지금은 예수님께서 주시는 참된 평안과 악을 물리치는 능력이 어느 때보다도 절실합니다. 디트리히 본회퍼는 하나님의 은혜가 이 세상 무엇보다 값진 것이라고 말했습니다. 모든 것은 주님으로부터 나오고, 주님만이 해결자이십니다. 우리는 참신앙과 절대적인 순종의 미덕을 가져야 합니다.

그러나 아직도 많은 사람들이 영적 생활을 거부합니다. 죽기 전에만 그리스도를 믿으면 된다는 사람도 있고, 크리스천들이 모범을 보이지 않기 때문에 교회에 다닐 수 없다고 말하기도 합니다.

그러나 믿음은 자신과 하나님의 일대일 관계입니다. 헛된 욕망과 빗나간 삶의 목적을 가진 사막의 땅에서 벗어나 생명의 강으로 돌아오기를 바라는 주님의 손길을 체험했으면 합니다.

예수님은 "모든 것을 나에게 바쳐라. 나는 너의 시간과 물질과 일을 원하지 않고 바로 너 자신을 원한다. 너의 인생을 괴롭히려고 하는 것이 아니라 나의 능력을 모두 너에게 주고자 함이라"라고 말씀하셨습니다.

지금 살아서 하나님의 전지전능한 힘을 알고 영원을 지배하는 무소부재의 존재를 인정하는 크리스천으로서 당신은 무엇을 하겠습니까?

01

크리스천은
무엇으로 사는가

> 나는 누구인가라는 처절한 울부짖음에 하나님은 응답하신다. 네가 어
> 떤 사람이든, 무엇을 하든 네 것이니라.

크리스천으로 살기

'크리스천(christian)'은 '그리스도에 속한 자'를 의미하며, 복음
전도로 잘 알려진 안디옥교회에서 처음으로 사용한 용어입니다. 이
말에는 '군사' '형제' '제자' 등의 뜻이 있습니다. 그래서 '크리스
천'이란 말과 행동이 일치하고 겉과 속이 같은 예수님의 제자임을
알리는 것입니다.

"저는 죽을 때까지 크리스천으로서의 본분을 다할 것입니다."

이 말에서 품어 나오는 향기가 삶을 행복하게 만들고, 한편 막중
한 책임도 느끼게 합니다. 우리가 행복한 크리스천의 삶을 살려면

다음의 세 가지를 지켜야 합니다.

첫째, 예수님의 행적을 믿고 배워야 합니다.

둘째, 하나님의 말씀을 실천에 옮겨야 합니다.

셋째, 다른 형제들과 아름다운 관계를 가져야 합니다.

크리스천의 소망

우리 사회는 크리스천에 대해 보통 사람보다 높은 도덕적 가치를 요구합니다. 이것은 당연한 일이며 선교 한국, 통일 한국을 위해 사는 비전이 있는 크리스천이라면 모든 면에서 비크리스천에게 모범이 되어야 하고 겸손해야 합니다. 그러기 위해 다음의 네 가지를 실천해야 합니다.

첫째, 내 삶의 중심이 누구이고, 누구를 위해 살아야 하며, 진리란 무엇인지 판단할 수 있어야 합니다.

> 하나님을 의지하라. 그리하면 모든 지각에 뛰어난 하나님의 평강이 그리스도 예수님 안에서 너희 마음과 생각을 지키시리라. (빌 4:7)

둘째, 넉넉하고 편안한 소풍 같은 삶을 살아가십시오. 천국에 갈 것이라는 분명한 믿음이 있어도 사는 동안 남들에게 손가락질을 받는다면 곤란합니다. 다른 사람들에게 바른 삶과 행동으로 모범이 됨으로써 예수님의 성품을 보이는 것이 진실된 신앙인의 자세입니다.

주 안에서 항상 기뻐하라 내가 다시 말하노니 기뻐하라 너희 관용을 모든 사람에게 알게 하라 주께서 가까우시니라 (빌 4:4-5)

셋째, 재력이나 능력의 크고 작음에 관계없이 먼저 손을 내미는 순결한 자세가 필요합니다. 남을 섬기는 것이 축복된 운명의 비결입니다.

무엇이든지 남에게 대접을 받고자 하는 대로 너희도 남을 대접하라 (마태복음 7:12)

넷째, 우리에게 허락하신 능력과 열정을 다른 사람들에게 전하는 전도의 사명을 부끄러워하지 말아야 합니다.

오직 성령이 너희에게 임하시면 너희가 권능을 받고 예루살렘과 온 유대와 사마리아와 땅 끝까지 이르러 내 증인이 되리라 하시니라 (사도행전 1:8)

크리스천의 향기

크리스천의 향기는 스스로 크리스천임을 밝히는 것에서부터 시작됩니다. 크리스천다운 행동이란 삶과 생활에 있어 모범이 되는 것입니다. 또한 누구보다 솔선수범하며 책임 있는 행동을 하는 것입니다. 누가 알아줘서가 아닙니다. 그 행동은 복이 되어 하늘에 쌓일 것

입니다. 크리스천이 된다는 것은 일생일대의 가장 큰 결단이자 행복
으로 향하는 지름길입니다.

창세기는 하나님의 천지창조에서부터, 하나님이 만드신 첫 사람 아
담, 아담의 범죄로 인한 인간세상의 타락과 더불어 에덴에서 추방당
한 인간을 기록합니다. 그럼에도 불구하고 죄를 지은 인간을 위한 하
나님의 구원역사의 기원과 원리를 보여 줍니다.
우리가 가야할 곳은 바로 에덴, 고향으로 향하는 길입니다.

태초에 하나님이 천지를 창조하시니라 (창세기 1:1)

02

진정한
크리스천으로서의 삶

> 교인이 되기 전에 먼저 사람이 되어야 한다. 예배드리는 법을 알기 전
> 에 하나님을 먼저 아는 신앙인이 되어야 한다.

삶에는 두 가지 방식이 있다고 합니다. 하나는 신을 믿고 신앙인
으로 사는 삶, 다른 하나는 자기만 믿고 살아가는 무신론자로 나눌
수 있습니다. 우리는 지금 스스로에게 이런 질문을 던져야 합니다.
"나는 누구이며, 어떤 삶을 살아가고 있는가?"

최고의 물리학자이며 뛰어난 지식인이었던 알버트 아인슈타인은
소박한 삶의 철학과 독특한 유머를 지닌 사람이었습니다. 그러면서
도 자신의 존재에 대한 의문과 사회적 책임에 부담을 가졌습니다.
어떤 기자가 아인슈타인에게 물었습니다.

"당신은 독일인입니까, 아니면 유태인입니까?"

아인슈타인은 이렇게 대답했습니다.

"내 이론이 맞다고 증명되면 독일은 나를 독일인이라 할 것이고, 유태인은 날 유태인이라 할 것입니다. 하지만 내 이론이 틀리다면 독일인은 날 유태인이라 하고, 유태인은 날 독일인이라고 하겠지요."

아인슈타인은 종교에 대해서도 이런 말을 남겼습니다.

"우리가 가질 수 있는 가장 아름다운 경험은 신비로움입니다. 이는 참예술과 참과학의 요람이 되는 근본적인 것입니다. 우리가 꿰뚫어 볼 수 없는 무언가의 실존에 대한 지식과, 가장 심오한 이치와 가장 찬란한 아름다움에 대한 인식과, 가장 원초적인 형태지만 우리의 이성이 접근할 수 없는 진정한 종교성을 구성하는 것은 바로 지식과 감정입니다. 이런 의미에서 나는 종교적인 인간입니다."

오랫동안 스스로를 크리스천이라고 생각했던 사람들도 진정 크리스천답게 살아가고 있는지 자문해야 할 것입니다. 여전히 눈앞에 보이는 것만 믿어오지는 않았는지, 하나님의 진리가 아닌 인간의 좁은 시각으로 세상을 보고 있지는 않은지 생각해 봐야 합니다. 크리스천으로서 세상을 하나님의 말씀으로 가득 채우는 삶을 살아가야 합니다.

크리스천으로서 좋은 인생의 기준은 무엇일까요? 살아생전에 "어떤 삶을 살았는가"보다 오히려 "어떻게 죽었는가"가 그 답이 되지는 않을까요?

출애굽기서는 400년간 애굽에 거하면서 억압과 고난에 시달렸던 이스라엘 백성이 하나님의 구속사적 인도로 출애굽하여 약속의 땅으로 가는 과정을 기록한 것입니다.
모세는 소명을 받아 민족의 해방을 이끌었습니다.

주께서 백성을 인도하사 그들을 주의 기업의 산에 심으시리이다 여호와여 이는 주의 처소를 삼으시려고 예비하신 것이라 주여 이것이 주의 손으로 세우신 성소로소이다 (출애굽기 15 :17)

03

하나님의
자녀로 살기

| 여호와의 말씀에 순종하고 그분을 위한 평화와 기쁨으로 살아가라.

영국 속담에는 이런 말이 있습니다.

"빛나는 것이 모두 황금은 아니다."

겉모습만으로는 진위를 판단할 수 없습니다. 주일에 교회에 나가 크리스천으로 살고, 교회를 나서면 주중에 크리스천으로 살지 않는 사람들을 '선데이 크리스천'이라고 합니다. 나 자신이 혹시 이런 사람은 아닌지 반성해야 할 일입니다.

최근 우리나라 지하철 승객들에게 지하철을 이용하며 가장 불쾌한 사람을 물어보면, 앉아 있는 사람들과 부딪쳐 가며 신문을 수거하는 사람과, "예수 천당 불신 지옥"을 시끄럽게 외치며 전도하는 사람이라고 합니다. 이것이 현실입니다. 우리나라 인구의 53.08%가

종교를 갖고 있음에도 여전히 악행과 강력 범죄는 더욱 증가하며 곳곳마다 점집이 성행하고 있습니다.

신앙인이라면 부끄러운 일 아닙니까? 신앙인이 신앙인으로서의 역할을 제대로 하지 못하고 있기 때문입니다.

하나님의 자녀인 크리스천은 속된 세상과 구분된 사람입니다. 그러므로 말과 행동이 일치해야 합니다. 이 사회에 빛과 소금의 역할을 해내야 합니다. 하나님의 영광으로 세상을 밝히는 일은 크리스천이라면 어느 누구 하나 소홀히 할 수 없는 의무입니다.

진정한 크리스천은 순수한 믿음을 지니고 하나님의 말씀에 "아멘"으로 화답하는 하나님의 자녀들입니다. 예수님의 복음에 생각과 행동을 일치시키는 사람입니다. 부조리와 타협하지 않으며 실패할 때마다 다시 일어서는 오뚝이 같은 신앙인들입니다.

하나님의 자녀로 살아가는 것은 그리 어렵지 않습니다. 성경의 가르침을 경솔히 여기지 말고 예수님의 교훈을 내 삶에 받아들여 실천해 가는 것입니다.

흑인 노예로 태어난 미국의 농화학자 조지 카버 박사는 '땅콩 박사'라는 별명으로 유명합니다. 그는 가난한 흑인들의 생활을 개선하기 위해 목화 대신 땅콩을 재배하도록 독려했습니다. 하지만 어느해 땅콩 값이 폭락해 원망을 듣게 되었습니다.

카버는 하나님의 음성을 듣기 위해 산으로 기도하러 올라갔습니다.

"하나님, 무슨 까닭으로 땅콩을 심게 하셨습니까?"

그러자 하나님의 음성이 들려왔습니다.

"이제 됐다. 너는 땅콩을 연구해라."

그는 하나님의 말씀대로 밤낮으로 땅콩을 연구한 끝에 땅콩으로 치즈, 비누, 잉크, 염료, 식용유 등 118개의 실용제품을 내는 기술을 발명해 미국 남부의 산업 성장에 크게 기여했습니다.

조지 카버는 새로운 것을 연구할 때나 성경을 읽을 때, 사람을 만나고 제자들을 가르칠 때 언제나 절망적인 상황 속에서 희망을 찾아냈습니다.

조지 카버에게 중요한 것은 삶의 환경이 아니라 삶을 받아들이는 태도였습니다. 작은 도토리가 땅에 심어지면 거대한 참나무로 변하게 됩니다. 도토리만 한 작은 신앙심도 잃지 않는 마음가짐이 필요합니다.

레위기서는 선민 이스라엘 백성들로 하여금 하나님의 거룩한 속성을 본받아서 거룩하게 살도록 하기 위해 각종 제사법과 성결법을 보여 준 것입니다. 아론은 모세의 형으로 모세를 돕는 협력과 상생의 실천자입니다.

나는 너희의 하나님이 되려고 너희를 애굽 땅에서 인도하여 낸 여호와라 내가 거룩하니 너희도 거룩할지어다 (레위기 11:45)

04

교만을 버리고
용서하기

> 머리와 입으로 하는 사랑에는 향기가 없다. 진정한 사랑은 교만을 버리
> 고 자기를 낮추며, 삶의 여유를 지니고 남을 바라보는 것이다.

존 카시안은 5세기 초반에 활동한 영성가로서, 오랜 수도 생활과
영적 사사를 통해 서방 교회의 수도원 영성을 확립했고, 성 베네딕
트 수도원의 규율을 집대성하는 데 크게 이바지했습니다. 그는 크리
스천의 영적 성장을 가로막고 방해하는 대표적인 악덕 8가지를 제시
했습니다. 물질만능시대를 사는 오늘의 현대인들에게 큰 교훈을 주
고 있습니다.

첫째는 폭식과 대식입니다. 둘째는 음란함과 색욕입니다. 셋째는
탐욕입니다. 넷째는 분노로, 영혼을 파괴하는 치명적인 독입니다.
다섯째는 비애이고, 여섯째는 나태이며, 일곱째는 허영, 마지막 여

덟 번째는 교만으로 모든 덕을 파괴합니다.

민수기서는 광야 생활 중에 보여 주신 하나님의 주권적 인도하심과 이스라엘 민족이 불순종할 때 따르는 하나님의 징계를 보여 줍니다. 아울러 끝까지 인간에게 사랑을 베푸시는 것도 알려주었습니다. 여호수아는 가나안 땅을 정탐하려고 12명을 보냈는데 이 중 열 명은 불가능하다고 말했습니다. 그러나 여호수아와 갈렙은 정복할 수 있다고 말했고 하나님의 축복을 받게 됩니다. 그는 한평생 성결과 진정으로 여호와를 경외하면서 110세에 죽음을 맞이하였습니다.

곧 그들이 여호와의 명령을 따라 진을 치며 여호와의 명령을 따라 행진하고 또 모세를 통하여 이르신 여호와의 명령을 따라 여호와의 직임을 지켰더라 (민수기 9:23)

05

헌신의 기도 생활

> 하나님은 우리가 하는 일을 모두 알고 계신다. 남을 위한 사업은 흥하
> 지만, 이득을 주로 한 사업은 쇠하기 마련이다.

헌신은 자신의 몸을 드려 말씀에 순종하는 것을 의미합니다. 거룩함과 자원하는 심정이 수반되는 마음의 낮춤입니다.

기독교 역사의 한 획을 그은 성 아우구스티누스가 있기까지에는 어머니 성 모니카의 헌신이 뒷받침되었습니다. 대도시 생활을 하던 아우구스티누스는 방탕한 생활과 환락에 빠져 탕자로 살았습니다. 어머니 모니카는 30년 넘게 자식의 순결함을 위해 간절히 기도를 했습니다. 어느 날 아우구스티누스에게 "성경을 읽어라!"라는 말씀이 들려왔습니다. 그는 곧장 성경책을 펴서 로마서 13장을 읽었습니다. 아우구스티누스는 그 말씀으로 회개하고 주님을 영접하게 된 것입니다.

낮에와 같이 단정히 행하고 방탕하거나 술 취하지 말며 음란하거나 호색하지 말며 다투거나 시기하지 말고 오직 주 예수 그리스도로 옷 입고 정욕을 위하여 육신의 일을 도모하지 말라 (로마서 13:13-14)

기술이 발전해 종이책이 점점 전자책으로 바뀌고 있는 추세에 따라 교회에서도 스마트폰으로 성경책을 읽을 수 있게 되었습니다. 그만큼 성경을 더 가깝게 접하게 된 것입니다. 새로운 기술이나 문화일수록 초기에 접해야 자연스럽게 익힐 수 있습니다.

신앙도 마찬가지입니다. 10세 이전에 주님을 영접하지 않으면 주님을 만날 기회는 갈수록 적어집니다. 자녀들을 위해서라도 일찍부터 교회에 다니는 것이 좋은 결과를 가져옵니다.

로렌스 헤이츠라는 미국 태생의 흑인가수가 독일 베를린에서 독창회를 열었습니다. 시작하려고 무대에 올라서니, 관중은 모두 백인뿐이었습니다. 관중 일부가 흑인의 노래는 들을 수 없다며, 야유를 보냈습니다.

그는 노래를 부르지 못하고 무대 뒤로 돌아서고 말았습니다. 좌절하던 그는 빌라도에게 재판을 받기 위해 법정에 선 예수님을 떠올렸습니다. 그는 다시 무대 위로 올랐습니다. 10분간 관중 앞에서 기도하고 난 후 절정의 노래를 불렀습니다. 결국 관중들은 그에게 환호하며 갈채를 보냈습니다.

하나님의 말씀은 살아 있고 활력이 있어 좌우에 날선 어떤 검보다도 예

리하여 혼과 영과 및 관절과 골수를 찔러 쪼개기까지 하며 또 마음의
생각과 뜻을 판단하나니 (히브리서 4:12)

하나님의 모든 선한 생각과 아름다움도 우리의 손에 오면 악해지
고 추해지는 것은 무엇 때문인가요? 죄의 속성, 게으름, 비교의식 등
많은 이유를 댈 수 있겠지만 결국 인간은 별 수 없는 존재임을 깨달
아야 합니다. 은혜와 회개로 거듭나야 합니다. 변치 않는 주님의 사
랑과 말씀으로 세상을 능히 이겨내야 합니다.

신명기는 40년 광야생활에 대한 회고와 그동안 주어졌던 율법을 돌
아보고 약속의 땅에 들어갈 이스라엘 신세대들에게 선민으로서 바
른 신앙과 순종의 거룩한 삶을 교육하기 위함입니다.

네가 네 하나님 여호와의 말씀을 삼가 듣고 내가 오늘 네게 명령하는
그의 모든 명령을 지켜 행하면 네 하나님 여호와께서 너를 세계 모든
민족 위에 뛰어나게 하실 것이라 (신명기 28:1)

06

하나님의 심중을
깨우는 기도

> 항상 기도하라. 기도할 수 있을 때까지 기도하라.

미국의 역대 대통령 가운데는 기도에 집중한 사람들이 많았습니다. 초대 대통령 워싱턴은 매일 새벽에 기도를 했습니다. 필라델피아 교외에 있는 밸리 포지라는 마을에는 독립군 장군 시절 그가 날마다 외우던 기도문이 새겨져 있습니다.

"하나님, 이 나라를 지켜주실 분은 하나님뿐이십니다. 이 나라 지도자들이 무엇보다 하나님의 말씀을 사랑하고, 그 말씀을 순종하며, 정직한 생활의 본이 되고, 겸손하게 국민을 섬기게 하소서."

아브라함의 이름과 같은 링컨 대통령도 기도의 사람입니다. 그는 대통령에 취임한 뒤로 백악관을 기도실로 삼아 기도했습니다. 그는 어린 시절 어머니의 기도 영향을 받았다고 합니다.

"어머니의 기도는 항상 기억이 납니다. 그 기도는 나를 항상 따라 다녔습니다. 평생 동안 기도는 나에게 꼭 매달려 떨어지지 않았습니다."

지미 카터 대통령은 퇴임 후 자기 고향에 돌아가 주일이면 교회 주일학교에서 아이들을 가르치며 기도하고 있습니다.

영국 BBC 방송은 시민 100만 명을 대상으로 "영국 역사상 가장 위대한 지도자는 누구인가?"라는 설문조사를 했습니다. 이 조사에서 1위를 차지한 사람은 바로 윈스턴 처칠이었습니다.

그의 학창 시절 생활기록부는 그가 '품행이 나쁘고 믿을 수 없는 아이. 희망이 전혀 없으며 다른 아이들과 싸움질만 일삼는 문제아'라고 말하고 있었습니다.

그가 위대한 지도자로 성장한 것은 기도의 힘입니다. 처칠은 전쟁터에서나 국회에서 늘 머리를 숙이고 하나님께 도움을 구하는 하나님의 사람이었습니다. 하나님은 기도하는 사람을 사랑하시고 능력을 주십니다.

여호수아서는 가나안 땅을 약속하셨던 하나님이 친히 이스라엘을 승리하게 하사 축복의 땅을 얻게 하셨음을 기록하기 위해 쓰였습니다. 그 과정을 통해 하나님의 은혜를 보여 주셨습니다. 라합은 기생 출신이었지만 하나님을 신뢰하였기에 자신과 모든 일가족의 생명을 전쟁터에서 구할 수 있었습니다.

여호와께서 이스라엘의 조상들에게 맹세하사 주리라 하신 온 땅을 이와 같이 이스라엘에게 다 주셨으므로 그들이 그것을 차지하여 거기에 거주하였으니 (여호수아 21:43)

07

민음으로 살아가기

> 신의와 공의 앞에 견딜 수 있는 사람은 없다. 오직 믿음만이 사망에서 구하는 길이다.

모세가 애굽에서 이스라엘 민족을 해방시킬 때 많은 사람들은 그것이 쓸데없는 일이라고 생각했습니다. 배부른 노예가 배고픈 자유인보다 좋아 보였을지도 모릅니다. 햇볕이 따가운 어느 날, 사람들은 배를 만드는 노아를 비웃었습니다. 또 물맷돌 몇 개 가지고 어린 다윗이 골리앗과 싸우러 나갈 때 눈뜨고 볼 수 없을 정도로 슬펐을 것입니다. 그러나 믿음은 불가능을 가능케 합니다.

믿음이란 확신에서 나옵니다. 우리가 무엇을 믿을 수 있다는 것은 그 일이 가능하기 때문입니다. 영적인 존재로서 인간은 확신하면 할수록 더 강한 믿음이 생깁니다. 반면 의심하면 의심의 계곡에 빠져 믿음이 사라지게 됩니다. 믿음은 당신의 행동을 지배하며, 그 행동은 인생을 바꿔놓습니다. 믿음이란 하나님이 보이지 않을 때도 하나님이 일하고 계심을 변함없이 믿는 것입니다. 믿음이란 하나님께서 약속하신 것을 행하실 것이라 알고 그 약속을 믿는 것입니다.

예수님께서 이 땅에 오신 참된 의미는 무엇일까요? 토마스 아 켐피스의 《그리스도를 본받아》에서는 다섯 가지로 제시했습니다.

첫째, 인간의 죄를 위하여 오셨습니다. 예수님께서 인간의 몸으로 오셨다는 것은 놀라운 일입니다. 예수님도 우리와 같이 주리시고, 목마르시고, 주무시고, 눈물을 흘리시고, 고통을 당하셨습니다.

둘째, 예수님은 우리 인간이 어떻게 살아야 하는지 보여 주시기 위해 오셨습니다. 어떻게 성령을 인도하고, 어떻게 기도하고, 사랑하고, 전도하며, 살아야 하는지 몸소 가르쳐 주셨습니다.

셋째, 예수님은 일을 시작하기 전에 기도하고 대화하라고 말씀하셨습니다.

넷째, 예수님은 사랑의 본을 보여 주셨습니다. 자신을 죽이려는 사람들을 위해 기도하셨습니다.

"사랑하는 자여, 우리 서로 사랑하자. 사랑은 하나님께 속한 것이니."

다섯째, 예수님은 전도의 본을 보이셨습니다. 예수님은 천국의 복음을 증거하시면서 사람들에게 많은 기적을 베푸셨습니다.

미국의 몬터레이라는 도시는 한때 '펠리컨의 천국'으로 불렸습니다. 이 마을의 어부들은 고기를 잡으면 고기들을 다시 바다에 던져

줍니다. 그래서 이 마을의 펠리컨들은 고기를 잡으러 다니지 않고도 배불리 먹을 수 있었습니다. 그러던 어느 날, 어부들이 물고기 통조림을 만들어 팔기 시작하면서부터 낚은 고기를 바다에 던지지 않게 되자 펠리컨들은 굶주리기 시작했습니다. 오랫동안 받아먹고 사는데 익숙해진 펠리컨들은 스스로에게 고기 잡는 기술이 있다는 사실조차 잊은 채 한두 마리씩 굶어 죽기 시작했습니다. 그러자 어부들은 스스로 고기를 잡을 줄 아는 펠리컨을 이 도시로 대거 들여왔습니다. 어부들의 대책은 성공적이었습니다. 이주해 온 펠리컨들이 날아다니며 고기를 잡아먹기 시작하자, 죽어가던 펠리컨들도 그들을 따라 고기를 잡아먹기 시작한 것입니다.

우리의 믿음이 펠리컨처럼 연약하고 보잘 것 없는지 뒤돌아봅니다. 17세기 영국 청교도 운동 와중에 태어난 조리 폭스가 야외에서 설교할 때 술 취한 병사가 그의 목에 칼을 들이대고 설교를 멈추라고 요구했습니다. 그때 폭스는 그 사람을 똑바로 쳐다보며 이렇게 외쳤습니다.

"찌를 테면 찔러 봐라. 이 칼은 내게 지푸라기에 불과하다."

그러자 하나님의 권능이 일어나 병사는 뒷걸음질치더니 땅에 엎드려 회심했습니다. 폭스의 담대한 믿음은 우리에게 "이 땅에서 살 때 진리에 대해 담대하라"고 권고하고 있는 것입니다.

만사형통이란 좋은 일만 있는 것이 아니라, 어떠한 일이 있어도 이를 극복하고 이길 수 있는 힘이 있음을 의미합니다. 종을 쳐서 소리가 나야 종입니다. 그렇지 않으면 쇠붙이에 불과합니다. 축복에 감사가 없어서는 안 됩니다. 기독교는 희망의 종교입니다. 일본의 유명한 신학자 우치무라 간조는 이렇게 말했습니다.

"만일 하나님이 인간을 저주하신다면 그것은 질병이나 실패나 배신이나 죽음으로 저주하는 것이 아니라 오히려 하나님의 살아 계심이 믿어지지 않는 불신앙으로 성경을 읽어도 하나님의 말씀이 들리지 않는, 막힌 귀로 감사하는 마음이 생기지 않는, 메마른 마음으로 저주하실 것입니다."

사사기서는 왕정체제하에 살게 된 이스라엘 백성들에게 시대의 역사와 하나님께 순종하면 축복이 온다는 것을 가르쳐주기 위해 쓰였습니다.
사사 기드온은 미디안을 물리칠 때 이스라엘 사람들이 와서 자기들을 다스려 달라고 간청하지만 필요시 하나님의 능력을 주신 것으로 알고 여호와께서 다스리라는 교훈을 줍니다.

여호와께서 그들을 위하여 사사들을 세우실 때에는 그 사사와 함께 하셨고 그 사사가 사는 날 동안에는 여호와께서 그들을 대적의 손에서 구원하셨으니 이는 그들이 대적에게 압박과 괴롭게 함을 받아 슬피 부르짖으므로 여호와께서 뜻을 돌이키셨음이거늘 (사사기 2:18)

08

하나님의 뜻에 맞는
삶의 목표 세우기

> 주어진 환경 위에 자신을 세우고 성공을 그분의 뜻에 둔다면 살기 위해
> 전전긍긍하는 나약한 모습을 보이지 않을 것이다.

삶의 세 가지 즐거움이란 가족들이 무사하고, 하늘을 우러러 부끄럽지 않으며, 아랫사람을 제대로 가르치는 것입니다. 그럼에도 오늘날 사회는 진정한 하나님의 뜻을 저버린 채 가족이 붕괴되고 목표도 없이 바쁘게만 살아가고 있습니다. 행복을 추구하기 위해서는 목표를 향해 정진해야 합니다.

보다 중요한 것은 우리의 목표가 하나님의 뜻과 일치하고 있는지를 확인하는 것입니다. 주기도문에서 "당신의 뜻이 이루어지이다"라는 말이 진정으로 무엇을 의미하는지 깨달아야 합니다. 이 세상을 넘어 영원한 삶에 뿌리를 내리는 하나님의 계획에 맞추어야 합니다.

당신의 열망이 당신을 향한 하나님의 열망과 일치한다면 행동으로 옮겨야 할 것입니다.

분명한 목표는 당신의 관심과 의식의 방향 설정을 도와줍니다. 당신의 목표를 위해 헌신하십시오. 같은 목표를 가진 사람들과 교류하고 공유하십시오. 분명한 목표는 당신의 모진 운명의 바람을 잠재울 수도 있습니다.

목표를 세울 때, 성과를 명확하고 구체적으로 예측해야 합니다. 어떤 새로운 것을 배우거나, 신뢰를 쌓을 수 있고 삶에 즐거움을 줄 수도 있을 것입니다. 처음의 마음가짐을 끝까지 이어가야 합니다.

목표 세우기

1. 우리의 목표를 구체적이고 측정 가능한 것으로 정해야 합니다. 책을 읽겠다는 결심 대신에 한 달에 몇 권의 책을 읽겠다는 구체적인 목표가 필요합니다.
2. 당신이 진정 원하는 목표를 찾아야 합니다. 목표가 명확해야 하고 이루고자 하는 열정을 가져야 합니다.
3. 목표에 시한을 정해야 합니다. 기한이 없는 것은 목표가 아닙니다.
4. 당신의 목표는 긍정적인 문장이어야 합니다. 부정적인 문장은 당신의 열정을 빼앗아 갑니다.
5. 목표를 습관적으로 해야 합니다. 습관처럼 몸에 익숙해지는 일이 가장 중요합니다.

1999년 잭 웰치 회장이 한국을 방문했을 때 기자들이 "세계에서 가장 존경받는 경영자로 선정되었는데, 그 비결이 무엇입니까?"라고 묻자 그는 이색적인 답변을 했습니다.

"나는 내가 어디로 가든지 알고 있고, GE의 전 구성원은 내가 어디로 가는지를 알고 있습니다."

자신이 미래에 대한 확실한 비전을 갖고 있으며 구성원과 커뮤니케이션을 공유한다는 의미입니다.

크리스천으로 가장 성공한 사람은 목표를 아버지의 뜻에 두는 사람입니다. 헬렌 켈러는 이렇게 말했습니다.

"사람들은 맹인으로 태어난 것보다 더 불행한 것이 뭐냐고 나에게 물어온다. 그럴 때마다 나는 눈앞을 보는 시력은 있으나 미래를 보는 비전이 없는 것이라고 이야기한다."

룻기서는 타락한 사회에서도 하나님께 충성한 자들을 축복하시고 이방인이라 할지라도 여호와의 신앙이 있는 자는 구원과 영광을 베풀어 준다는 사실을 깨우치기 위한 글입니다.

여호와께서 네가 행한 일에 보답하시기를 원하며 이스라엘의 하나님 여호와께서 그의 날개 아래에 보호를 받으러 온 네게 온전한 상 주시기를 원하노라 하는지라 (룻기 2:12)

09

하나님의 보배로
살아가기

| 죽어도 영생하는 비전의 사람이 되리라.

어느 흑인이 미국에 있는 한 예배당 앞에서 울면서 기도를 하고 있었습니다.

"예수님, 예수님을 뵈러 예배당에 들어가고 싶으나 제가 흑인이란 이유만으로 입장이 안 되어 이렇게 밖에서 기도를 합니다."

이때 예수님께서 조용히 다가와 말씀하셨습니다.

"울지 마라. 나의 형제여, 걱정하지 마라. 나도 너처럼 예배당에 들어갈 수 없노라."

세상에서 가장 나쁜 것 중의 하나는 자기 자신을 속이는 일입니다. 교회에 다니면서도 보배로운 존재로 살지 못하는 것은 반쪽 신앙입니다.

이 세상이나 세상에 있는 것들을 사랑하지 말라 누구든지 세상을 사랑
하면 아버지의 사랑이 그 안에 있지 아니하니 (요한일서 2:15)

　한국 크리스천이 불과 10년 만에 1,200만 명에서 약 830만 명으로 줄어들었습니다. 제2의 예루살렘으로 불리던 한국 교회의 성장이 정체기를 맞고 있습니다. 우리 교회가 그동안 수적 성장만을 목표로 하면서 사회에 좋은 영향을 미치지 못한 결과가 아닌가 생각합니다. 또한 교회의 본질을 망각한 채 자기 구원과 복을 받기 위한 사람들만의 잔치였다는 생각이 듭니다.
　하나님의 보배로 제대로 살기 위해서는 어떻게 해야 할까요? 이는 얼마나 감사하는 마음으로 생활하는지에 달려 있습니다. 신학자인 헨리 나우엔은 "감사는 최고의 항암제, 해독제, 방부제"라고 말했습니다. 세계적인 극작가인 피터 쉐퍼는 "감사하는 마음의 밭에는 실망의 씨가 자랄 수 없다"라고 말했습니다. 하나님의 보배로운 존재와 감사의 크기는 정비례합니다.
　하나님의 보배로 살면서 제대로 된 신앙생활을 하기 위해서는 '사도신경, 십계명, 주기도문'의 핵심 정신을 올바르게 배워야 합니다. 사도신경은 성경의 축소판으로 기독교의 기본 진리를 간단하고도 명확하게 나타낸 신앙의 요약문입니다. 십계명은 하나님과의 관계(1~4), 인간관계(5~10)를 통해 인간이 살아가는 방법을 제시해 주고 있습니다. 주기도문은 믿음과 삶의 방법을 구체적으로 가르쳐 주고 있습니다. 여기에는 예수님의 정신과 가르침이 고스란히 담겨 있어

'작은 복음'이라고 불리기도 합니다. 이들 세 가지 가르침은 개개인의 삶을 하나님에게로 초점을 맞추게 하고 나아가 시대의 변혁 속에서 신앙인으로 우뚝 설 수 있게 할 것입니다.

당신은 하나님의 보배로 살기 위해 어떤 노력을 하고 있습니까? 당신의 행동은 하나님께서 가르쳐 주신 주기도문에 비춰 정당한 것입니까? 주기도문과 십계명, 사도신경, 십일조 생활을 충실히 하고 있습니까?

십일조란 자기 소득의 10분의 1을 하나님께 바치는 것을 말합니다. 하나님의 명령이며 감사의 표시이며 성도로서의 특권이기도 합니다. 우리가 보다 가치 있는 일을 하고 싶거나 하루속히 기도의 응답을 받고 싶다면 물질과 생활의 십일조를 드려야 합니다. 지금 당신이 가장 먼저 회개해야 할 부분은 바로 당신의 지갑이기 때문입니다.

우리는 선택해야 합니다. 릭 워렌이 말한 것처럼 세계적인(world-class) 크리스천이 될 것인지, 세속적인(worldly) 크리스천이 될 것인지.

그러므로 우리가 낙심하지 아니하노니 우리의 겉사람은 낡아지나 우리의 속사람은 날로 새로워지도다 (고린도후서 4:16)

사무엘상은 분열된 이스라엘 민족 공동체에 신앙적 통일성을 깨우치고 역사의 주관자가 되시는 하나님 중심의 신앙적 삶을 살도록 하기 위함입니다.

사무엘이란 지도자의 출현을 통해 오직 하나님이 전쟁의 승패를 좌우하십니다. 우리는 종종 하늘의 구속사가 너무 느리다는 것을 불평하기도 합니다. 그러나 하나님은 약속을 지키십니다. 역사가 암흑기에 사로잡혀 있을 때일수록 기도는 더 절실한 법입니다.

여호와께서 사무엘에게 이르시되 그의 용모와 키를 보지 말라 내가 이미 그를 버렸노라 내가 보는 것은 사람과 같지 아니하니 사람은 외모를 보거니와 나 여호와는 중심을 보느니라 하시더라 (사무엘상 16:7)

10

충만한 영적 생활

> 하나님이 즐거워하시는 자는 직분, 지식, 명예, 재물이 아닌 좋은 영향
> 력을 미치는 크리스천이다.

충만한 영적 생활은 어떤 삶을 말하는 것입니까? 바울은 성령이 충만한 삶을 우선순위로 하고 하나님께 온전히 맡기는 질서를 강조합니다. 술 취하거나 방탕하지 않고 찬양과 감사가 넘치는 생활을 의미합니다. 교회생활, 가정, 직장, 학교, 봉사 생활에서 공동체적 바른 의식과 참된 예배, 하나님께 집중할 수 있는 언약을 믿는 것입니다.

세계적인 패스트푸드 체인인 맥도날드의 창립자 레이 크록은 1955년 일리노아 주의 데스에서 조그만 레스토랑을 운영하는 사람이었습니다. 그런 그가 전 세계 120개국에 체인점을 차린 것은 '능

률적인 기업 집중화'라는 전략이 있었기 때문입니다.

우리는 모든 직업이 신성하다는 사실을 인정하고 누구나 자신이 하는 일을 통해 하나님의 경륜을 실천해야 합니다.

작은 차이가 성공과 실패를 좌우합니다. 올림픽 수영 경기에서 금메달을 따는 선수와 그렇지 않은 사람의 차이는 몇백 분의 1초에 불과합니다. 또 100미터 육상 경기에서도 순위를 눈으로 식별할 수 없는 경우가 많습니다.

명궁 한 사람이 제자 둘을 숲에서 훈련시키고 있었습니다. 과녁을 향해 활을 쏘려는 순간, 스승은 이들에게 지금 보고 있는 것이 무엇인지를 물었습니다. 한 제자가 이렇게 대답했습니다.

"저는 저 위의 하늘과 구름, 풀과 들판을 보고 있습니다. 과녁이 원으로 색칠해져 있네요."

스승은 말했습니다.

"너는 아직 활을 쏠 준비가 안 된 것 같구나."

그러고는 다른 제자에게 물었다.

"너는 무엇을 보고 있느냐?"

"과녁의 중심을 제외하고는 아무것도 보이지 않습니다."

그러자 스승은 바로 지시했습니다.

"화살을 날려라."

화살은 과녁의 정중앙에 꽂혔습니다.

이 두 제자의 차이는 무엇일까요? 마음을 한 곳에 집중할 수 있느냐 그렇지 못하느냐의 차이입니다. 당신은 어떤 일에 대해서 집중해야 그 일을 완벽하게 할 수 있습니다.

영화 '쉬리'의 여전사로 나왔던 배우 김윤진은 할리우드에 진출해 지금은 세계적인 배우로 활동하고 있습니다. 그녀는 인터뷰에서 이렇게 말했습니다.

"저는 미국에 와서 내 연기가 피부 세포에 스며들 때까지 연습했습니다. 그리고 작은 배우는 있지만 작은 배역은 없다는 것을 깨달았습니다."

영국의 철학자 베이컨은 "지식은 힘"이라고 말했습니다. 그러나 지식이 온전한 힘이 되는 것은 그 지식을 갖춘 사람이 자기 본분을 잘 깨닫고 있을 때에 한합니다. 페스탈로치는 이렇게 말했습니다.

"지식은 사람에게 필요한 무기입니다. 그러나 무기를 잘못 쓰면 도리어 자신을 해하게 됩니다. 꾸밈없는 순진한 마음으로 진실과 함께 있는 지식이 참다운 지식입니다."

뉴턴은 떨어지는 사과에 집중한 결과 만유인력의 법칙을 발견했습니다. 인생은 시간의 조합으로 이루어져 있습니다. 시간과의 싸움에서는 집중력에 따라서 성공이 가름됩니다.

하나님께 온 힘을 다해 집중하십시오. 그 마음들이 합쳐져 하나의 큰 선을 이룰 것입니다.

사무엘하는 하나님의 주권을 인정하고 하나님 중심으로 살 것을 요구하시는 글입니다. 그는 이스라엘의 초대 왕이었습니다. 그가 왕이 될 수 있었던 것은 당시 제사장이었던 사무엘의 아들들이 타락하여 지도력을 상실하였기 때문에 왕위에 오른 것입니다. 그러나 사울은 왕이 되어서 교만해졌고 특히 암몸과 싸울 때 사무엘이 늦게 온다는 핑계로 제사장 대신 번제를 드리는 불의를 행하여 결국 여호와의 영이 떠나게 되었습니다.

내 집이 하나님 앞에 이같지 아니하냐 하나님이 나와 더불어 영원한 언약을 세우사 만사에 구비하고 견고하게 하셨으니 나의 모든 구원과 나의 모든 소원을 어찌 이루지 아니하시랴 (사무엘하 23:5)

11

하루하루 반성하며
살아가기

| 오늘은 선물입니다. 오늘의 성공 없이 내일의 영광도 없습니다.

〈오늘〉이라는 어느 무명 작가의 시를 소개합니다.

오늘 생각할 시간을 가지십시오, 이는 힘의 근원입니다.

오늘 독서할 시간을 가지십시오, 이는 지혜의 샘입니다.

오늘 놀 시간을 가지십시오, 이는 젊음의 비결입니다.

오늘 침묵할 시간을 가지십시오, 이는 하나님을 구하는 기회입니다.

오늘 주위를 돌아볼 시간을 가지십시오, 이는 남을 돕는 기회입니다.

오늘 사랑하고 사랑 받을 시간을 가지십시오, 이는 하나님의 가장 위대
한 선물입니다.

오늘 웃을 시간을 가지십시오, 이는 영혼의 음악입니다.

오늘 친절할 시간을 가지십시오, 이는 행복에 이르는 길입니다.

오늘 꿈꿀 시간을 가지십시오, 이는 미래의 재료입니다.

오늘 기도할 시간을 가지십시오, 이는 지구상에서 가장 위대한 능력입니다.

위대한 삶을 누리기 위해서는 오늘의 승리자가 되어야 합니다.

오늘의 행복을 내일로 미루지 말아야 합니다.

오늘의 성공을 위한 실천을 주저해서도 안 됩니다.

크리스천으로서 진심이 담긴 예배를 드려야 합니다. 우리를 향하신 주님의 음성을 듣는 성도의 책임도 가져야 합니다. 처음에는 무조건 하나님께 달라는 기도를 하지만, 지금은 하나님이 우리에게 원하는 것을 듣는 기도를 하게 됩니다.

종교개혁자 칼뱅은 하나님께 드리는 예배 도중에 벌이 날아와서 쏘더라도 꼼짝하지 말라고 했습니다. 오늘 하나님께 드리는 이 예배가 경건함과 신뢰감으로 충만하길 바랍니다.

짐 콜린스의 《좋은 기업을 넘어⋯ 위대한 기업으로》라는 책에는 다음과 같은 일화가 있습니다.

스톡데일은 장군 출신으로 베트남 포로수용소에서 8년간 고문을 받으면서도, 전우들을 고향으로 보내는 일에 전념했습니다. 그는 이 과정에서 일정한 법칙을 발견하게 되었습니다. 살아남은 사람들은 일반적인 통념과는 달리 낙관주의자가 아닌 현실주의자였다는 것입니다. 지나친 낙관론자들의 경우에는 '이번 크리스마스에는 석방되겠지' 하는 기대감으로 살아갑니다. 그러나 석방되지 못하면 큰 실망과 좌절로 건강을 잃어버려 석방되어도 고향으로 돌아가지 못하는 처지가 되었다고 합니다.

이루고자 하는 일과 그 일의 성공을 바라는 마음이 눈앞의 현실과 잘 융합되어야 합니다. 오늘 인생을 점검하지 못하면 미래의 희망은 없습니다. 과거의 영화만으로 살 수도 없습니다. 매일 스스로 권면하고, 사랑을 전하며, 선한 일에 힘쓰며 살아가십시오.

열왕기상은 포로생활을 하는 선민들에게 그들 민족의 멸망이 죄에 대한 하나님의 심판의 결과임을 깨닫게 하고 하나님만을 올바로 섬기도록 촉구하는 내용입니다. 엘리야는 오랜 가뭄으로 시내가 말랐지만 사르밧 과부가 정성을 다해 그를 대접함에 따라 풍족한 양식을 내려 주었습니다.

네가 만일 내가 명령한 모든 일에 순종하고 내 길로 행하며 내 눈에 합당한 일을 하며 내 종 다윗이 행함 같이 내 율례와 명령을 지키면 내가 너와 함께 있어 내가 다윗을 위하여 세운 것 같이 너를 위하여 견고한 집을 세우고 이스라엘을 네게 주리라 (열왕기상 11:38)

12

목표와 실행이 일치하는
개인사명서

> 목소리 높여 나이는 숫자에 불과한다는 말만 하지 말고 실천하는 사람
> 이 되리라.

열심히 일하는 사람에게 하루는 짧은 순간입니다. 하나님이 주신 6일 동안 일할 수 있는 축복을 누리지 못하는 것은 인간으로서 가장 큰 기쁨을 잃어버리는 것입니다. 누구나 새해가 되면 새로운 각오로 계획을 세웁니다. 항상 시작은 그럴듯하지만 얼마 지나지 않아 세웠던 계획이 대부분 물거품이 됩니다. "담배를 끊겠다" "가정에 충실하겠다" "외국어를 마스터하겠다" "신앙생활을 충실하게 하겠다" "부모님께 자주 전화를 하겠다" 등의 야심찬 계획은 하나둘 사라집니다.

그만큼 인간은 약한 존재이기 때문에 좌절도 하고 자책도 합니다.

오뚝이처럼 다시 일어나는 의지를 키우십시오.

요즘 들어 입사원서에 개인사명서를 요구하는 곳이 더러 있습니다. 사명서가 위력을 발휘하는 것은 글로 쓴 것이며 자신에 대한 채찍과 검증의 기회가 되기 때문입니다. 글은 '영혼의 그림자'라고 합니다. 글을 쓴다는 것은 자신의 가치를 존중하고 남에게 피력할 수 있는 강한 무기입니다.

사람들은 회사 일을 할 때에나 혹은 멀리 여행을 가기 전에 계획을 세우느라 많은 정력을 쏟습니다. 또 자녀에게는 계획의 중요성을 강조합니다. 그러나 정작 자신의 시간에 대한 계획은 제대로 디자인하지 못합니다. 매일 하나님이 나에게 부여한 그림을 항상 염두에 두는 습관이 필요합니다.

외국인들은 집을 그릴 때 밑에서부터 그리는 반면 우리나라 사람들은 지붕부터 그린다고 합니다. 또 우리는 태양을 붉은색으로 인식하는 반면 외국인들은 노란색으로 인식합니다. 민족에 따라 그림 그리는 순서와 방법이 다를 수 있지만 꿈을 이루는 방법은 동일합니다. '목표'와 '실천'이 일치해야 합니다. 같은 크리스천일지라도 하나님께 다가가는 방식은 천차만별이지만 우리 모두가 하나님의 피조물로서 신앙의 높이와 차이를 인정하며 정성을 다하는 것은 동일합니다.

자신의 방법을 추구하면서도 다른 사람을 이해하기 위해 개인사명서를 써 보는 것도 좋은 방법입니다. 단, 가족 구성원들의 뜻과 부합되고 기도의 능력을 우선시하는 한 차원 높은 믿음의 내용이어야 의미가 있습니다. 다음은 인텔 사장이 쓴 개인사명서입니다.

● 사명 : 나는 독실한 크리스천입니다. 그리고 좋은 남편, 가정적인 남
자 그리고 훌륭한 사업가입니다. 하나님이 내게 주신 모든 자원을 아
래에 명시한 대로 하나님이 원하시는 일을 수행하는 데 사용합니다.

● 가치 : 첫째, 무슨 일을 하든지 마음을 다합니다(골로새서 3:23), 둘
째, 모든 일에 더욱 많이 힘씁니다(데살로니가전서 4:1), 셋째, 내 주
변에 있는 사람들이 잘 되도록 권계하고 격려합니다(데살로니가전서
5:14), 넷째, 상황을 너무 심각하게 받아들이지 않으며, 모든 일을 즐
겁게 행하고, 하나님의 은총을 즐깁니다(야고보서 4:13-15) 등 총 12
가지가 있습니다.

● 목표 : 첫째, 결혼 생활을 성경에 나와 있는 대로 합니다. 아내의 발
전을 구하며, 한 여자만을 아는 남자가 됩니다. 집안일을 돕고, 둘만
의 시간을 자주 가지며, 아내를 항상 소중히 대합니다. 둘째, 후손들
을 위해 하나님의 가르침을 담은 책을 집필합니다. 셋째, 나의 고용
주를 위해 높은 수익을 창출합니다. 넷째, 인텔의 사장이 됩니다. 나
의 가치관과 윤리를 유지하면서 승진합니다. 다섯째, 우리 교회에서
장로가 됩니다. 여섯째, 계속 배웁니다. 매년 적어도 하나의 새로운
주제, 스포츠 분야, 기술을 익힙니다. 일곱째, 적어도 1주일에 3번
이상 규칙적으로 운동을 합니다. 여덟째, 매주 성경 공부를 인도합
니다.

웅진그룹 윤석금 회장의 사명서는 이렇습니다.

나는 나의 능력을 믿으며
어떠한 어려움이나 고난도 이겨낼 것입니다.
나는 자랑스러운 나를 만들 것이며
항상 배우는 사람으로서 더 큰 사람이 될 것입니다.
나는 늘 시작하는 사람으로서 새롭게 일할 것이며
어떤 일도 포기하지 않고 끝까지 성공시킬 것입니다.
나는 항상 의욕이 넘치는 사람으로서
행동과 언어, 그리고 표정을 밝게 할 것입니다.
나는 긍정적인 사람으로서 마음이 병들지 않도록 할 것이며
남을 미워하거나 시기, 질투하지 않을 것입니다.
나는 내 나이가 몇 살이든 스무 살의 젊음을 유지할 것이며
한 가지 분야에서 전문가가 되어 나라에 보탬이 될 것입니다.
나는 다른 사람의 입장에서 생각하고
나를 아는 모든 사람들을 사랑할 것입니다.
나는 나의 신조를 매일 반복하며 실천할 것입니다.

아무리 거센 파도가 와도 배가 위태롭지 않기 위해서는 엔진이 항상 가동되고 있어야 합니다. 게으른 사람들은 자기 존중과 목표를 향한 실천 의지가 없는 경우가 많습니다. 막연하게 정해 놓은 목표는 그저 희망사항에 불과할 뿐입니다.

더운 어느 여름날 개구리 다섯 마리가 나무에 있었는데 그중 한 마리가 너무 더워 연못으로 뛰어내리고 싶어졌습니다. 지금 나무에는 몇 마리의 개구리가 있습니까? 네 마리입니까? 아닙니다. 그대로 다섯 마리입니다. 생각만 가지고는 어떤 것도 이룰 수 없습니다.

성공적인 삶을 위해서는 목표를 명확하게 하고 실천할 수 있어야 합니다. 당신은 개인사명서가 있습니까? 자신만의 사명서를 써서 시행착오를 줄이는 것도 현명한 태도입니다.

열왕기하는 남북 왕궁의 멸망이 반복되는 범죄와 타락이었다는 것을 분명하게 가르쳐 줍니다. 북왕국 이스라엘은 B.C 586년에 아수르에 의해 망하고 남왕국 유다는 바벨론에 의해 멸망하는 과정을 그린 것입니다.

만일 이스라엘이 나의 모든 명령과 나의 종 모세가 명령한 모든 율법을 지켜 행하면 내가 그들의 발로 다시는 그의 조상들에게 준 땅에서 떠나 유리하지 아니하게 하리라 하셨으나 (열왕기하 21:8)

13

나의 개인사명서 쓰기

남에게 의존할 때는 언젠가 눈물 흘릴 날이 온다. 새도 자기 날개로 날
듯이 자신의 인생을 살아라.

모든 사람에게 들어맞는 인생의 보편적인 정답은 없습니다. 하지
만 내 인생의 답을 찾는 노력을 게을리해서는 안 됩니다. 그렇게 내
인생의 답을 만들어 가는 과정은 한 권의 책을 쓰는 것과 같습니다.

세상에서 제일 무서운 사람은 책 한 권만 읽은 사람입니다. 나만
의 인생을 사는 사람입니다. 이런 사람은 시야가 좁고 폐쇄적인 사
고로 인해 하나님의 선하심과 세상의 원리를 이해하지 못합니다. 고
결하고 용기 있는 삶의 진면목을 상상하지 못합니다.

우리는 다른 사람의 삶에서 배우고 이해하고 경험해야 합니다. 그
래야 내 인생의 책도 더욱 풍성하고 다양한 이야기들을 담을 수 있

을 것입니다. 만일 건성으로 책을 읽는 것처럼 우리 인생을 감동 없이 살았다면, 남을 인정하고 소통하지 못했다면 지금 당장 삶의 패턴을 바꿔야 합니다.

하나님의 아들로서 영원히 하나님이 보장하시는 삶이 되겠다는 각오와 결심이 있어야 합니다. 예수님이 나와 함께 하심으로 그 안에서 행복을 누리며, 은혜와 겸손을 나누고 섬기는 삶을 사는 것입니다.

칼 바르트가 영국의 모임에 참석하기 위해 택시를 탔습니다. 마침 택시기사가 성경책을 열심히 읽고 있었습니다. 그가 자랑스럽기도 하고 어느 정도의 신앙을 갖고 있는지 궁금하여 현학적인 질문을 던졌습니다.

"성경이 도대체 무엇입니까?"

이 질문에 대해 택시기사는 이렇게 말했습니다.

"저는 성경에 대해 잘 모릅니다. 특히 어려운 히브리어나 헬라어는 더 모릅니다. 성경의 기적과 비논리적인 이야기들도 어떻게 설명해야 할지 모르겠습니다. 하지만 성경이 하나님의 약속이고 그 아들이신 예수 그리스도는 그 약속의 증표요, 우리를 위해 구원을 이루셨고 심판하러 다시 오신다는 사실은 분명히 알고 믿습니다."

그야말로 우문현답이었습니다. 질문했던 바르트 자신이 오히려 스스로 부끄럽게 느낄 정도였습니다. 이 일로 그는 신학자로서 새로운 각성을 하게 된 것입니다.

신학은 신학자들과 철학자들의 논쟁의 대상이 아닌, 교회를 위하고, 믿는 자를 위해 실제로 적용될 수 있는 생명력 있는 말씀이어야 합니다. 우리의 사명은 무엇입니까? 열심히 믿어 나와 내 가족들이 현세에서 잘살고 죽어서 천국에 가는 것입니까? 아닙니다. 성결한 삶으로 믿음의 명백한 증거를 보이는 것입니다.

개인사명서는 크리스천으로서 추구하는 가치를 향해 정진하겠다는 구체적인 목표입니다. 지금 내 인생의 책을 쓴다면, 그 책의 머리말은 개인사명서가 될 것입니다. 어떤 말을 써 넣겠습니까?

역대상은 귀환한 이스라엘 백성들에게 선민 역사를 설명하고 위로와 소망을 전해 줌으로써 여호와 신앙을 중심으로 새롭게 신정 국가 건설의 의지를 갖도록 합니다. 노아의 아들로 야벳-함-셈의 계보를 만들었고 오늘날 셈의 계보에 따라 아브라함까지 연결시킨 것입니다. 노아는 그가 살던 시대가 악하여 하나님께서 홍수로 모든 만물을 진멸시키고자 하셨을 때 성실함 때문에 선택받은 유일한 의인입니다.

주께서 주의 백성 이스라엘을 영원히 주의 백성으로 삼으셨사오니 여호와여 주께서 그들의 하나님이 되셨나이다 (역대상 17:22)

14

주님 안에서
기쁨과 평안 찾기

> 세상 어디서나 열심과 성실은 통한다. 주님이 기뻐하시는 일을 찾아서
> 행동으로 옮기는 것이 준비된 인생을 사는 것이다.

1536년, 26세 때 《기독교강요》를 집필한 장 칼뱅(1509~1564)이 장
로교회의 아버지요, 창시자가 된 것은 엄격하게 절제된 생활이 뒷받
침되었기 때문입니다. 당시 많은 사람들의 반대에도 불구하고 우리
의 주인은 하나님이고, 그분을 영광스럽게 하는 것이 삶의 이유이
며, 그분이 기뻐하시는 일을 할 때야말로 인생의 참 기쁨을 느낄 수
있다고 강조하였습니다.

> 푯대를 향하여 그리스도 예수 안에서 하나님이 위에서 부르신 부름의
> 상을 위하여 달려가노라 (빌립보 3:14)

1700여 년 전 스토아 철학자 세네카의 행복론에 의하면 우리가 살아 있는 것은 하늘의 은총이지만, 잘 살 수 있는 것은 철학 때문이라고 했습니다. 철학은 생명보다 큰 하늘의 은총입니다. 그것은 인간의 노력이 전제되어야 하는 부분입니다.

우리나라에 6만여 개의 교회와 8만여 명의 목사가 있으며 전 세계에 15,000여 명의 선교사를 파송하여 세계 제2의 선교사 파송국의 위상을 가지고 있습니다. 그럼에도 교회에 성도가 줄어들고 크리스천들의 사회적인 영향력이 낮아지는 것은 사도 바울이 말하는 새로운 삶의 모든 행동 양식, 근심, 의로움, 경건함을 잃어버렸기 때문입니다. 지금이라도 회개를 통해 모든 것을 하나님 뜻에 맞추어야 합니다. 우리의 주인이신 예수님께 복종하는 길 이외에는 방법이 없습니다.

전도보다는 교회의 부흥에 힘썼고 넘치는 성령의 역사보다는 개개인의 복을 구했으며, 크리스천의 연합과 일치보다는 교회 간의 알력 다툼을 회개해야 합니다.

모든 육신의 생각과 그릇된 욕심을 포기하고 우리 자신을 하나님께 기꺼이 드리는 순종을 주옵소서. 이 땅에 복된 영생의 소망이 헛되지 않다는 것을 격려해 주옵소서. 우리의 구원은 인간의 종교적 행위도 교회의 안정적인 재물도 아닌 오직 하나님의 주권적 섭리에 있다는 겸손함을 주옵소서.

우리는 살아 있는 동안 기쁨을 원합니다. 기쁨은 마음의 평안에서 옵니다. 그러기 위해서는 마음의 평안을 방해하는 탐욕, 성취욕, 질투, 분노, 교만을 버려야 합니다. 하나님은 우리에게 평안을 주십니다. 세상이 알 수 없는 참기쁨은 하나님의 선물입니다.

기쁨과 평안을 위한 실천 열 가지

1. 다른 사람의 좋은 점을 보려고 노력하며 나와 다르다는 것을 인정하라.
2. 실패하더라도 너그럽게 용서하는 아량을 베풀라.
3. 우리의 맑은 영을 위해 열심히 기도하라.
4. 과거의 실수에 너무 집착하지 마라.
5. 일상적인 삶에서 받은 작은 은총일지라도 소중히 하라.
6. 긍정과 현실적인 낙관 자세를 가져라.
7. 평안한 죽음을 맞을 수 있도록 기도하라.
8. 현재의 모습과 처지를 그대로 받아들여라.
9. 행복을 내일로 미루지 마라.
10. 하나님의 사랑과 지혜를 소중히 하라.

역대하는 왕정의 타락상 속에서도 선민을 보호하시는 하나님의 주관적 은혜를 보여 주는 것입니다.

내 이름으로 일컫는 내 백성이 그들의 악한 길에서 떠나 스스로 낮추고 기도하여 내 얼굴을 찾으면 내가 하늘에서 듣고 그들의 죄를 사하고 그들의 땅을 고칠지라 (역대하 7:14)

15

무거운 짐 내려놓기

> 인생이 무거워서 힘든 것이 아니라 욕심이 너무 많기 때문에 힘든 것이
> 다. 짐을 거침없이 내려놓을 수 있는 자야말로 행복을 누릴 수 있는 자
> 격이 있다.

이용규 선교사는 유학 중 코스타(KOSTA) 집회에서 선교사로 헌신
했으며 2005년부터는 전 세계를 다니면서 '내려놓음과 하나님의 음
성'에 대해 강의를 했습니다. 그는 청년들에게 인생의 모든 편안의
기득권을 내려놓고 하늘로부터 채워지는 평안의 진정한 특권을 깨
닫고 누릴 것을 강조했습니다. 그는 모든 것을 내려놓고 모든 것을
하나님이 지시하시는 뜻에 따른다는 '천국 노마드(유목민)'의 삶을
지향하고 있습니다.

존 베일리는 신학자이자 교수, 저술가로 유명합니다. 그의 직업

은 조직 신학 교수였으나 단순히 하나님을 연구하는 신학자가 아니라 늘 경건한 생활을 하며 신앙과 이성을 균형 있게 조화시킨 분입니다. 그는 예수님을 믿으며 자신의 것을 내려놓으라고 말했습니다.

창조주이시며 구속자이신 하나님, 오늘도 주님께서 저와 동행하셔서 복을 내려 주지 않으셨다면 저는 살아갈 수 없습니다. 아침의 활력과 신선함이 저를 속이지 말게 하시고, 오늘의 건강과 풍요로움이 저를 속이지 못하게 하소서……. 또한 제가 저를 의지하지 말게 하소서……. 이 모든 은사가 주님으로부터 오는 것임을 고백합니다. 주시는 분도 주님이시요, 거두시는 분도 주님입니다. 그것은 제 것이 아니며 저는 단지 믿음으로 붙잡을 뿐입니다. 끊임없이 주님을 의지하고 신뢰할 때 비로소 그 모든 것들을 누리게 될 줄 믿습니다. 이제 주님이 주신 모든 지식과 육신의 건강과 물질을 주님께 바칩니다. 오! 하나님 아버지, 이 모든 것이 주님의 것이오니 주님 뜻대로 쓰소서. 오! 그리스도 예수님, 이 모든 것은 주님의 것입니다. 오! 성령님, 이 모든 것이 성령님의 것입니다. 오늘 제 말 가운데 말씀하시고 제 생각 가운데 생각하시고 제 모든 행동 가운데 역사하소서……. 세상을 향한 놀라운 계획을 이루시기 위해 연약한 인간들을 도구로 사용하시는 것이 주님의 은혜로운 뜻인 줄 믿사오니, 오늘 제 삶이 주님의 사랑과 긍휼을 가까운 이들에게 조금이나마 전달하는 통로가 되게 하소서……. 오! 하나님, 주님의 엄숙한 존전에서 친구와 이웃을 생각합니다. 특히 같은 경내에 살고 있는 가난한 사람들을 생각합니다. 간구하오니 은혜를 베푸셔서 그들을 주님의 이름으로 섬기게 하소서……. 아멘.

우리가 욕심과 의지를 내려놓는 것은 나약하고 미약하기 때문이 아닙니다. 오히려 유혹과 허위에 굴하지 않겠다는 강인한 자신감입니다. 세상 사람들은 다른 사람들의 것을 빼앗고 더 많은 것을 소유할 때 부자가 될 수 있다고 생각합니다. 그러나 아이러니하게도 성경에는 온유한 자에게 복이 있고 남에게 주는 자가 땅을 소유한다고 나와 있습니다.

여기서 '온유'란 그리스어로 통제된 힘을 의미합니다. 내려놓고 양보한다는 것은 의지와 욕망을 포기하는 것이 아닙니다.

시편 37편 5절을 보면 "너의 길을 여호와께 맡기라"라는 말이 있습니다. 자신의 길을 자기 의지에서 벗어나 하나님 앞에 내려놓을 때 온전한 하나님의 뜻을 알게 됩니다.

에스라서는 3차로 귀환한 이스라엘에 1, 2차 귀환민들의 행적을 보여 국가 재건에 박차를 가하기 위함입니다. 에스라는 제사장으로서 새롭게 신정국가를 확립하는 데 있어서 하나님의 지혜를 따르라고 하였습니다.

에스라여 너는 네 손에 있는 네 하나님의 지혜를 따라 네 하나님의 율법을 아는 자를 법관과 재판관을 삼아 강 건너편 모든 백성을 재판하게 하고 그 중 알지 못하는 자는 너희가 가르치라 (에스라 7:25)

16

기도에 힘쓰기

> 어둠이 길어야 새벽이 빨리 온다. 때때로 고난은 기도할 수 있게 하는
> 좋은 동기 부여가 된다.

다음은 나치 당원들에게 잡혀 있을 때 디트리히 본 회퍼가 쓴 유
명한 글로, 사형을 앞둔 자의 나약한 모습이 그대로 드러나 있습니
다. 누구든지 죽음을 앞두고서야 인생의 의미를 찾고, 하나님의 진
정한 뜻을 보고자 몸부림칩니다.

나는 무엇인가?
남들은 가끔 나에게 말하기를
감방에서 나오는 나의 모습이
어찌 그리 침착하고 활기찬지,

마치 자기 성에서 나오는 영주 같다는데……
나는 무엇인가?
남들은 가끔 나에게 말하기를
감시원과 말하는 나의 모습이
어찌 그리 자유롭고 친절한지
마치 내가 그들의 상전 같다는데……
나는 무엇인가?
남들은 또 나에게 말하기를
불행한 하루를 지내는 나의 모습이
어찌 그리 평온하고 당당한지
마치 승리를 아는 투사 같다는데……

남들이 말하는 내가 정말 나일까?
나 스스로 알고 있는 내가 정말 나일까?

새장에 갇힌 새처럼 불안하고
그리움을 묻고 사는 연약한 나,
목이 졸린 사람처럼
살고 싶어 몸부림치는 나,
색과 꽃과 새소리에 주리고
좋은 말, 따스한 벗들을 목말라 하고
방종과 사소한 굴욕에도 참지 못하고

석방의 날을 안타깝게 기다리다 지친 나,

이제는 기도와 생각, 모든 것에 지쳐 공허하다.

이별에도 지쳤다.

이것이 내가 아닌가?

나는 무엇인가?

이 둘 중 어느 것이 나일까?

오늘은 이 사람이고

내일은 저 사람인가?

두 가지 모습이 모두 나일까?

남 앞에선 허세,

스스로에겐 한없는 연민을 느끼는

나약한 사람인가?

이미 결정된 승리 앞에서 무질서에 떠는

패잔병에 비교할 것인가?

나는 무엇인가?

이 적막한 물음은 나를 끝없이 희롱한다.

내가 누구인지 나를 아는 이는

오직 당신뿐,

나는 당신의 것,

오, 하나님!

우리는 가끔 기도의 능력에 대해 회의를 품습니다. 그러나 이것은 인간의 눈으로 하나님의 능력을 바라보는 것입니다. 기도는 무엇을 요구하는 것이 아니라, 하나님께서 알고 계신 나의 앞날을 묻는 것입니다.

우리의 문제든
다른 사람의 문제든
하나님이 그것을 생각하고
느끼시는 바에 따라
마음의 반응이 일어나기까지
고요한 중에 듣는다면,
우리는 그 순간부터 위를 향해
기도하는 것이 아니라
아래를 향해
기도하기 시작한 것이다.

– 릴리아스 트로터

평소 나쁜 습관으로 설암(舌癌)에 걸린 여자가 수술하기 전에 마지막 하고 싶은 것이 있다고 했습니다.

"이제 혀를 자르게 되면 다시는 말을 하지 못합니다. 저의 방탕했던 죄를 고백하오니 용서해 주시고 마지막으로 하나님을 찬양하고 싶습니다."

그녀는 곧 찬송 '나 같은 죄인 살리신'을 불렀습니다. 그런데 찬송이 끝나자 수술을 하려던 의사가 놀라며 수술 도구를 내려놓았습니다. 썩은 혀에 붉은 기운이 솟기 시작했기 때문입니다. 기도가 병을 치료한 것입니다.

1940년대 미국의 백만장자였던 밀턴은 어느 날 신체가 마비되었습니다. 모든 수단을 다 써 보았지만 치료가 불가능했습니다. 이때 스위스의 칼 구스타프 융이라는 의사를 찾아갔습니다. 융은 병의 원인을 제거할 필요가 있다고 이야기한 후에 한 수도사를 소개해 주었습니다. 그 수도사는 처음에 밀턴에게 주기도문을 300번 외라고 했습니다. 그 다음 날은 600번을 외라고 했습니다. 점점 기도의 횟수가 늘어나면서 기쁨과 생명과 신뢰가 몸속에서 나오는 것을 느꼈습니다. 주님과의 만남과 반복된 기도로 병을 고칠 수 있었습니다. 마음을 열지 못해 생긴 병이 예수님과의 대화로 치유된 것입니다.

우리는 하나님께서 주신 기회를 최대한 활용해야 합니다. 몸에 배인 습관은 하루아침에 변하기 어렵습니다. 기도할 수 있을 때 기도하십시오. 기도를 배울 수 있는 가장 좋은 비결은 기도입니다. 나의 신념과 노력만 믿지 말고 오직 선하신 그분의 뜻을 알아야 합니다.

느헤미야서는 종교와 정치를 올바르게 인도하고 선민으로서 성결한 삶을 살도록 서술하였습니다. 느헤미야는 예루살렘 성벽을 재건하는 지도자의 역할을 하였습니다.

주의 크신 긍휼로 그들을 아주 멸하지 아니하시며 버리지도 아니하셨사오니 주는 은혜로우시고 불쌍히 여기시는 하나님이심이니이다 (느헤미야 9:31)

17

하나님이 들어주시는 기도와
거부하시는 기도

> 우리는 많은 것을 원하며 살지만, 정작 자신이 무엇을 위해 살아가는지 모른다. 기도 없는 신앙은 성경 없이 하는 교리 공부와 마찬가지이다.

하나님이 들어주지 않는 세 가지 기도가 있습니다. 첫째, 과식을 일삼으면서 위장을 튼튼하게 해달라는 기도입니다. 둘째, 과로하면서 건강하게 해달라는 기도입니다. 셋째, 과욕과 거짓을 일삼는 사람의 기도입니다.

성경에서 바울은 동역자 디모데에게 중보하기를 권고했습니다. 중보(intercession)란 예수 그리스도가 하나님과 인간의 관계를 회복하기 위하여 인류의 죄를 지고 십자가에서 보혈을 흘리고 죽은 일을 이르는 말로, 자신만을 위한 기도가 아닌 다른 사람을 위해 기도하는 것을 의미합니다.

기도는 하나님과의 대화입니다. 기도는 닫힌 문을 열게 하는 열쇠이자 축복으로 가게 하는 출입문입니다. 기도가 영향력을 발휘하기 위해서는 바른 태도를 갖고, 기도하는 가운데 하나님의 뜻을 구하고 모든 것을 하나님께 맡겨야 합니다. 또한 언제, 어떤 상황에서든 기도하는 법을 배우고 결과에 대해 항상 신뢰해야 합니다. 끝으로 귀를 기울이는 법을 배워야 합니다. 독일 속담에 이런 말이 있습니다.

"당신이 기도하기 위해 손을 모으면 하나님께서는 은총을 주시기 위해 손을 펴신다."

기도란 영적인 것을 향상시키고 동물적인 것을 하강시키는 역할을 합니다. 기도하는 것만큼 기도에 대해서 더 잘 배울 수 있는 방법도 없습니다.

기도는 하나님께 말하는 것이지만 때로 하나님은 우리에게 응답하시기 위해 침묵 기도를 이용하십니다. 이것은 우리에게 내적 확신을 주시는 데 그칠 수도 있고, 우리를 구체적인 방향으로 인도하실 수도 있습니다. 하나님은 당신과의 교제를 원하시고 당신도 마찬가지입니다.

기도 응답을 받지 못한 이유를 워런 위어스비 목사는 이렇게 말했습니다.

"알고 있는 죄, 이기심, 가정불화, 말씀의 거역 등을 품은 채 기도하느니 입속에 도리어 숯을 넣어두는 편이 더 낫습니다."

간절한 소원이 있을 때 우리는 문제를 붙잡고 기도해야 합니다. 열심을 다해, 그 문제에 대해 하나님이 응답해 주실 것을 의심하지 말아야 합니다. 성 버나드는 이런 말을 남겼습니다.

"사랑하는 형제들이여, 여러분이 기도하는 것을 결코 의심하지 마십시오. 기도가 무익하다고 생각해서는 안 됩니다. 여러분이 기도하기 전에 이미 그것이 하늘에 닿았음을 믿으십시오. 그러므로 여러분은 확신을 갖고 하나님의 응답을 기대해야 합니다. 하나님께서는 틀림없이 여러분의 기도를 들어주실 것입니다. 만일 기도를 들어주시지 않는다면 그 기도의 응답이 여러분에게 유익하지 않기 때문입니다."

통계적으로 복음을 전도하는 사람은 크리스천의 2%뿐입니다. 매일 전 세계적으로 16만 명의 사람들이 죽어가는데 아무런 조치도 하지 않는 것은 우리의 태만과 이기심 때문입니다. 올바른 기도의 우선순위와 영원한 삶에 뿌리를 내리는 고백이 있어야 합니다.

"아무것도 염려하지 말고 오직 모든 일에 기도와 간구로 너희 구할 것을 감사함으로 하나님께 아뢰라."

그러나 기도의 중요한 원칙은 "나의 뜻대로 마옵시고 아버지의 뜻대로 되기를 원합니다"라는 것을 기억하십시오.

에스더서는 부림절 사건에 나타난 하나님의 구원과 사랑을 후세대에 증거하여 신앙생활을 통해 각성하기를 위해서 쓰였습니다. 에스더는 바사의 왕후로서 그의 민족이 말살되는 흉계를 담대하게 물리쳤습니다. 이것은 민족에 대한 사랑과 헌신, 하나님의 섭리를 믿었기 때문입니다. 신앙생활은 남의 잣대가 아닌 나의 잣대로 사는 것입니다.

이 달 이 날에 유다인들이 대적에게서 벗어나서 평안함을 얻어 슬픔이 변하여 기쁨이 되고 애통이 변하여 길한 날이 되었으니 이 두 날을 지켜 잔치를 베풀고 즐기며 서로 예물을 주며 가난한 자를 구제하라 하매 (에스더 9:22)

18

삶을 아름답게 만드는
사랑 실천하기

> 믿음 · 소망 · 사랑 이 세 가지는 항상 있을 것인데 그중 제일이 사랑
> 이다.

하나님은 사랑이시라

사랑이 있는 곳에

하나님께서 계신다.

─ 헨리 드러몬드

다음은 오지 선교사로 있다가 잠시 귀국 보고를 하는 자리에서 알
게 된 이야기입니다.

"저는 전도를 할 때마다 예수 그리스도를 믿으면 복 받고 가정이
편안해지고 또 건강해진다고 말했습니다. 또 예수 그리스도를 믿어

성공한 이야기를 주로 했습니다. 그러나 묵상해 보니 신앙을 바라보는 태도가 조금 잘못되었다는 생각이 들었습니다. 소위 전도를 예수님의 증인이 아닌 변호사와 같은 역할을 주로 한 것입니다. 우리 생활에서 민사적 다툼이 있게 되면 변호사를 찾습니다. 이때 변호사들은 원고, 피고의 입장에서 소송 대리인이 되고 수임료만 받습니다. 진실을 밝히기보다는 변호사는 일단 소송해 보자는 것이 현실이지요. 변호사는 법원의 최종 판결이 나기까지 돈 때문에 임무 수행을 합니다. 전도와 예수님의 삶을 증거하는 사람이 변호사와 같아서는 안 됩니다. 언제나 예수님이 살아 계시어 우리의 구체적인 삶에 간섭하시는 것을 느껴야 합니다. 세상적인 성공의 판단에 따르지 않고 영원한 승리자가 되는 길을 실천하는 담대함도 필요합니다. 앞으로는 예수님을 닮아가는 삶으로, 변호사가 아닌 그분의 증인으로 살겠습니다."

'빈자의 성녀'로 추앙받아 온 테레사 수녀는 1,800여 명의 가난하고 병든 사람들을 구원하는 데 힘썼습니다. 그녀는 평생을 빈민, 고아, 나병 환자, 죽음만을 기다리는 사람들 곁을 지키며 예수님의 사랑을 실천했습니다. 하루는 어떤 사람이 테레사 수녀에게 말했습니다.

"저는 백만 달러를 줘도 테레사 수녀님의 일을 할 수 없을 것입니다."

이 말을 들은 테레사 수녀는 이렇게 대답했습니다.

"나도 백만 달러를 받고 이 일을 할 수 없어요. 그래서 하나님의 사랑으로 합니다."

성경의 핵심은 사랑입니다. 사랑은 우리에게 최고의 스승이며 삶
을 가장 아름답게 만들어 줍니다.

욥기는 하나님의 주권적 섭리와 계획을 이해하지 못하는 데서 오는
인간 역사와 일상생활 속에 내재된 갈등을 회복시킴으로써 하나님
의 선에 대한 절대 확신을 순종하기 위함입니다. 욥은 인간의 상식을
뛰어 넘는 초월적인 섭리를 순종하는 인물입니다.

주께서는 못 하실 일이 없사오며 무슨 계획이든지 못 이루실 것이 없
는 줄 아오니 (욥기 42:2)

19

겸손하라,
진실로 겸손하라

> 겸손하라, 진실로 겸손하라. 왜냐하면 그대는 아직 위대하지 못하기 때문이다. 진실로 겸손함은 자기완성의 토대이다.

진정으로 자신을 낮추는 사람은 자긍심이 있는 사람입니다. 허영과 교만을 누를 때에 우리는 겸손해집니다. 그리고 내가 낮춰야 다른 사람의 지혜를 받아들일 수 있습니다.

교회 성장학자인 피터 와그너 박사는 겸손하고 의지적인 행동의 주체는 인간이며 의존적 결과의 주체는 하나님이라고 말했습니다. 누구든지 자기를 높이는 자는 낮아지고, 낮추는 자는 높아집니다.

링컨이 대통령이 되었을 때 특별한 배경도 학벌도 없는 그를 깎아내리려는 정치인들이 많았습니다. 국회에서 연설하기 전에 어떤 나이든 의원이 빈정거렸습니다.

"당신 아버지는 내가 신고 있는 신발을 만드셨소. 당신과 같은 낮은 신분을 가지고 대통령이 된 사람은 아마 아무도 없을 거요."

링컨은 기쁘게 대답했습니다.

"생각나게 해주셔서 고맙습니다. 우리 아버지의 기술은 예술입니다. 혹시 아버지가 만든 것 중에 문제가 있으면 나한테 가져오십시오. 기꺼이 수선해 드리겠습니다."

제레미 테일러는 영국에서 태어나 성직자가 되었습니다. 수많은 경건한 서적들과 그리스도의 생애를 대화체 영어로 저술하였습니다. 그의 거룩한 삶과 겸손의 은혜는 다음을 통해 훈련되었습니다.

제레미 테일러의 거룩한 삶과 겸손의 규칙

1. 당신에게 생긴 어떠한 외적인 환경으로 인해 당신 자신을 과대평가하지 마라. 비록 당신이 주어진 재능으로 다른 사람들보다 더 잘한다고 해도 그것은 당신 자신을 위한 것이 아니라 다른 사람들의 이익을 위한 것임을 명심하라.

2. 겸손은 자신을 비판하거나 누더기 옷을 입거나 가는 곳마다 굴종적인 자세로 다니는 것을 의미하지 않는다. 겸손은 자신을 현실적으로 직시하는 것이다.

3. 다른 사람들이 당신에 대해 동일한 생각을 가질 때 만족하라.

4. 은밀히 선행을 베푸는 사랑을 키워라.

5. 당신이 어떠한 일에 종사하더라도 결코 부끄러워하지 말고 다른 사람들이 당신을 어떻게 생각하든 상관하지 마라.

6. 다른 사람들의 칭찬을 유도하거나 찬사를 부추기는 말을 하지
   마라.
7. 칭찬을 받게 되면 하나님께 올려라.
8. 선행과 겸손의 사람으로 명성을 떨쳐라.
9. 당신이 받은 칭찬을 자랑하지 마라.
10. 당신의 장점에 대해서 말하게 할 목적이나 의도를 가지고 자
   신의 결점을 말해 달라고 요청하지 마라.

인간이 하나님 앞에서 할 것은 계산적인 믿음, 채권자 같은 마음,
구걸자로서가 아닌 온전한 신뢰입니다. 그리고 겸손과 감사함으로
하나님의 뜻을 기다리는 것입니다.

시편은 하나님께 영광과 찬양 경배를 드리는 시입니다. 다윗이란 이
름은 '사랑하는 자' 또는 '지도자' 라는 뜻입니다. 베들레헴에서 이
새의 아들로 태어나 소년시절에 선지자 사무엘에게서 하나님이 선
택하는 왕으로 기름받았습니다. 블레셋 거인 골리앗을 패배시켰고
하나님을 향한 신실한 믿음 덕분에 존경받는 삶을 살았습니다.

호흡이 있는 자마다 여호와를 찬양할지어다 할렐루야 (시편 150:6)

20

내 몸같이
이웃 사랑하기

> 자신을 소유의 모드에서 존재의 모드로 바꿔라. 소유는 무기력을, 존재
> 는 삶의 의욕을 낳는다.

"네 이웃을 네 몸과 같이 사랑하라"는 말씀을 실천하기란 사실 무척 어렵습니다. 인간의 세포는 태생적으로 자기를 보호하도록 만들어졌습니다. 인간의 뇌는 알고 싶지 않은 것에 대해 스스로 정보를 차단해 버리는 구조를 가지고 있습니다. 신을 사랑하는 것은 누가 가르쳐 주지 않아도 잘 되지만 남을 사랑하는 것은 생각의 전환과 연습이 뒤따라야 합니다.

다른 이를 사랑하기 위해서는 다른 이를 나보다 높게 생각해야 합니다. 섬김은 사랑의 실천을 통해 이루어집니다. 섬김이란 도움을 주고 유익을 베푸는 적극적인 행동으로 우리가 행하는 것이 아닌 주

께서 약속하신 것을 따르는 행위입니다.

평생을 모은 전 재산을 학교나 사회를 위해 환원했다는 이야기를 심심치 않게 듣게 됩니다. 어느 젊은 부부는 병원을 찾아와서 쑥스러운 표정으로 수술비 없는 사람을 위해 써 달라며 돈을 주었습니다. 그 봉투에는 1억 원이 들어 있었습니다. 서둘러 기부한 젊은 사람을 수소문하여 기부하게 된 사연을 듣게 되었습니다.

그 남자는 어린 시절 가난에 찌들어 살았습니다. 며칠을 굶자 보이는 것이 없었고 급기야는 자기보다 힘들게 사는 옆집 동생의 빵을 훔쳐 먹었습니다. 그런데 며칠 후 그 동생은 뺑소니차에 치여 큰 부상을 당했고 여러 병원들을 전전하다 죽었습니다. 그는 동생이 빵을 못 먹어 배가 고파 비실거리다가 사고를 당했는가 싶어 오랜 시간 동안 자책했다고 합니다.

자수성가한 영국의 억만장자 톰 헌터는 빈부격차를 위해 10억 파운드(1조 9,000억 원)를 자선단체에 기부했습니다. 그는 "역사상 지금처럼 소수의 주머니에 부가 집중된 적은 없었습니다. 엄청난 부에는 그만한 책임이 따릅니다"라고 말했습니다. 우리 사회는 이미 20%의 사람이 80%의 부를 갖는 이른바 2:8 경제가 되었습니다. 그러나 양극화가 깊어지면 갈등과 분열이 일어나고 공동체 유지가 힘듭니다. 출산율이 낮고 젊은 피가 수혈되지 않아 경제적인 고도 성장도 기대하기 어려운 실정입니다.

종교 개혁자 마틴 루터는 유혹과 죄에 대해 이렇게 말합니다.

"새가 머리 위로 날아가는 것은 막을 수 없지만 머리에 둥지를 트는 것은 막을 수 있습니다. 세상 마귀가 지배하는 오늘날 유혹을 안 느낄 수는 없지만 유혹을 가슴에 담아 두지 말고 버려야 합니다."

웨스트민스터 궁의 채색방 문에는 이런 글이 쓰여 있다고 합니다.

"자기가 가진 것을 주지 않는 자는 자기가 원하는 것도 가질 수 없다."

잠언은 솔로몬이 영적 생활과 일상생활 중에 지녀야 할 지식과 그것에 대한 교훈을 전달하고 있습니다. 솔로몬은 '평화'라는 뜻의 이름으로 이스라엘의 3대 왕이 되었습니다. 국가가 크게 번성해 하나님의 성전을 건축하기도 했지만 외국과의 동맹 때문에 다른 우상이 들어와 여호와께서 진노하셨습니다.

여호와를 경외하는 것이 지혜의 근본이요 거룩하신 자를 아는 것이 명철이니라 (잠언 9:10)

21

봉사하며 살아가기

| 봉사는 우리가 세상에 살면서 지불해야 할 임대료이다.

봉사의 사전적 의미는 국가나 사회 또는 남을 위하여, 자신을 돌보지 아니하고 힘을 바치는 것입니다. 진정한 봉사란 아무런 도전 없이 자신보다 못한 사람을 위해 아파하고 노력하며 기도해 주는 것입니다.

미국인들의 55% 이상이 은퇴 후 삶의 중요한 부분으로 자원봉사를 꼽습니다. 봉사하는 사람이 그렇지 못한 사람보다 더 오래 산다는 통계도 있습니다. 봉사란 다른 사람을 미소짓게 하며 자신의 건강과 행복을 지켜주는 일입니다.

중국 속담에 "남에게 장미를 선사한 사람의 손에는 장미 향기가 난다"라는 말이 있습니다. 성경에서도 '자기 생명을 얻고자 하는 자는 잃고 말겠지만, 하나님을 위해 자기 생명을 버리고자 하는 자는 영생을 얻을 것'이라는 말씀이 있습니다.

인생을 경주하듯이 살면서 목적지에 빨리 도착하는 것만을 위해 사는 사람들이 많습니다. 그러나 우리는 왜 달려 왔는지 몰라서 허무감을 느낍니다. 인생의 참 맛인 봉사를 모르고 사는 이는 짐승과 다를 바 없습니다.

아프리카에 '스프링 폭스'라는 산양이 있습니다. 이 산양들은 집단에서 이탈하는 것을 두려워하기 때문에 수천 마리씩 떼지어 다니다가 벼랑으로 떨어져 몰살당하기도 합니다. 더구나 무리를 지어 다니기 때문에 뒤에 있는 양은 풀을 제대로 먹을 수가 없습니다. 그래서 본능적으로 먹기 위해 앞으로 나아갑니다. 그런데 앞에 있는 양은 뒤에 있는 양에게 자꾸 밀려 빠르게 걷다가 결국 뛰게 됩니다. 그래서 앞에 절벽이 있어 위험한데도 뒤따르는 무리에게 계속 밀려서 떨어지는 것입니다. 이 산양의 모습은 바쁜 일에 허덕이는 우리 현대인들의 모습과 흡사해 보입니다.

무엇 때문에 바빠야 하는지 모르는 것이 인생이기도 합니다.

1988년 하버드 대학의 데이비드 맥클랜드 박사 연구팀은 흥미로운 실험결과를 발표했습니다. 새로운 조어가 탄생했는데, 이른바 '테레사 효과'가 그것입니다.

맥클랜드 박사는 하버드대 학생들 132명에게 인도의 캘커타에서 나병 환자들을 돌보고 있는 테레사 수녀의 다큐멘터리 영화를 보여 주었습니다. 그리고 그 영화를 보기 전과 후에 학생들의 타액 속에 있는 면역글로블린항체 A의 변화를 체크했습니다. 놀랍게도 학생들의 대부분에게서 바이러스에 대한 저항력을 높여 주는 S-IgA와 면역글로블린항체가 눈에 띄게 증가하였습니다. 맥클랜드 박사는 선한 행동으로 유발된 감동은 그것을 느끼는 사람들에게 면역력을 높여 주는 생물학적 사이클의 변화를 일으킨다는 연구결과를 발표했습니다. 이처럼 선한 행동은 우리의 몸과 마음을 건강하게 한다는 사실이 과학적으로 증명된 것입니다.

행복은 특정 환경이나 재물에 있지 않고 어떠한 마음자세를 가지느냐에 달려 있습니다. 동양 사상에 나오는 무재칠시(無財七施)는 돈이 없어도 남에게 도움을 줄 수 있다는 말입니다. 남을 위해서 몸으로, 따뜻한 마음으로, 평온한 느낌을 주는 눈으로, 온화한 얼굴로, 정을 남에게 줄 수 있습니다. 친절하고 따뜻한 말로 봉사할 수 있고, 남에게 자리를 양보할 수 있으며 자신의 따뜻한 방을 빌려 줄 수 있습니다.

내가 남에게 최고의 모습을 보여 주면 다른 사람에게서 최고를 얻을 수 있다는 것이 인생의 가르침입니다. 또한 남을 돕는 것이 축복의 비결입니다. 잠언 11장 24절에도 "구제를 좋아하는 자는 풍족하여질 것이요 남을 윤택하게 하는 자는 자기도 윤택하여지리라"는 말씀이 있습니다.

전도서는 솔로몬 자신이 삶을 회고하며 인생의 허무를 고백하고 하나님을 경외하는 것만이 최선의 삶임을 권면키 위한 기록입니다.

하나님을 경외하고 그의 명령들을 지킬지어다 이것이 모든 사람의 본분이니라 (전도서 12:13)

22

헌신하는 삶
실천하기

> 자기 소유물을 통해서 다른 이의 삶에 가장 폭넓고 유용한 영향을 끼친
> 이가 가장 부유한 사람이다.

하나님의 자녀로서 능력과 영광을 얻기 위해서는 헌신보다 더 값
진 방법이 없습니다. 하나님은 우리의 시간과 생명을 요구하시며,
헌신할 때 더 많은 것을 주십니다.

헌신한다는 것은 축복의 강과 영혼의 변화를 체험하는 것입니다.
신앙인의 헌신이란 세상의 잣대로 지킬 수 없는 가치 있는 것입니
다. 주님을 향한 정성, 주님의 값진 희생, 내 가진 전체를 드리는 헌
신의 즐거움을 알 때 비로소 하나님의 값진 보물을 알게 됩니다.

"행복해지려면 헌신하라"는 말이 있습니다. 우리들은 예기치 않
았던 곳에서 도움을 받고, 생각지 못했던 곳에서 기쁨을 얻습니다.

다른 사람의 헌신이 있기에 성공이 가능해집니다. 봉사에 인색하거나 물질이 없다는 핑계로 헌신을 게을리 하지 마십시오. 성공하고 싶다면 지금 당장 사명에 헌신해야 합니다.

그러나 측은히 여기는 마음만으로는 부족합니다. 또한 좋은 평판을 얻기 위해 헌신하겠다는 것도 위험한 생각입니다. 헌신이란 몸과 마음을 바쳐 있는 힘을 다하는 것입니다. 헌신할 때 늘 즐거운 마음으로 해야 합니다. 조금이라도 마음의 짐이 된다면 하지 않는 것이 좋습니다. 당신이 무엇인가에 헌신하기로 했다면 결과에 있어 이기고 지든, 앞으로 나가든 후퇴하는 일이든 행동할 것에 동의해야 합니다. 보다 중요한 것은 당신이 해야 하는 일을 가족들에게 미루지 말라는 것입니다.

하나님께서 아브라함에게 그의 아들 이삭을 희생 제물로 드리라고 했을 때 그것은 매우 힘든 헌신의 테스트였습니다. 헌신은 행동으로 옮겨야 하며 결정력과 인내가 있어야 합니다. 헌신은 무언가 다른 것을 만드는 것이기 때문에 집중을 요구합니다. 헌신은 긍정적인 믿음과 긍정적인 태도를 요구하기 때문에 정면승부를 해야 합니다. 헌신은 거룩한 목적을 요구하는 기도의 혁명입니다.

존 록펠러는 "유익한 봉사를 하는 것은 인류 공동의 의무이며, 오직 마음을 정화하는 희생의 불 속에서만 이기심의 찌꺼기가 태워지고 인간 정신의 위대함이 깨어난다"고 말했습니다.

하나님은 우리의 재능과 물질의 크기에 따라 쓰시지 않습니다. 예수님은 과부의 동전 두 닢과 어린 소년의 물고기 두 마리와 떡 다섯

조각을 다른 어느 것보다도 귀중히 여기십니다. 가난함이, 병든 자들이 이 땅에 많은 것은 크리스천이 헌신할 기회를 주신 것인지도 모릅니다. 따라서 남을 위해 봉사할 것이 없다고 하는 것은 핑계일 뿐입니다.

아가서는 참된 사랑의 모습과 순수한 사랑을 주 내용으로 하며, 자연과 일상생활을 회화적으로 묘사한 유대인의 민족시입니다.

많은 물도 이 사랑을 끄지 못하겠고 홍수라도 삼키지 못하나니 사람이 그의 온 가산을 다 주고 사랑과 바꾸려 할지라도 오히려 멸시를 받으리라 (아가 8:7)

23

성경 공부
열심히 하기

| 성경이야말로 배 떠날 때 챙겨야 하는 나침판과 같다.

성경은 여러 직업을 가진 40여 명의 기록자가 1500년에 걸쳐 헬라어 히브리어 아랍어를 사용하여 구약 39권, 신약 27권, 총 66권으로 구성한 글입니다. 구약은 주 예수 그리스도가 오시기 전에 쓰인 글입니다. 계몽주의 철학자 볼테르는 과학의 발전과 인간의 이성으로 앞으로 100년이면 성경은 고문서 창고에서 골동품이 되어 먼지가 쌓일 것이라고 예언했지만 지금도 성경은 세계에서 가장 많이 보급된 책입니다.

성경에는 하나님께서 인간에게 하고 싶은 말씀이 들어 있습니다. 비록 인간의 손을 빌려 쓴 책이지만 하나님의 말씀이기 때문에 성령의 감동 없이 읽으면 지루하고 이해하기 어렵습니다. 성경은 세상의 모든 사물과 현상을 다루는 백과사전이나 어떤 것을 하지 말라는 금기서도 아닙니다.

성경은 구원과 인도를 위한 진리의 책으로 창조 이후 타락된 인간을 불쌍히 여긴 하나님께서 구원으로 역사를 이끄시는 길을 알려주시는 책입니다. 따라서 성경을 아는 것은 세상의 학식이나 경력이 아닌 하나님의 지혜를 아는 것입니다. 또 성경은 온전한 사람을 만듭니다. 하나님은 자신이 만드신 인간이 그릇된 길에서 돌아와 의도했던 참 인간이 되기를 원하십니다. 성경을 통해 바르게 사는 법과 잘못을 회개하고 의롭게 사는 방법을 알게 되는 것입니다.

성경 공부는 하나님의 마음을 닮아가는 과정입니다. 펼쳐지지 않는 낙하산은 아무 쓸모없는 것처럼 성경 공부도 실천하지 않으면 아무 소용없습니다. 미국 UCLA 연구팀의 콜 교수는 "사회적으로 고립된 사람은 생명 유지에 기본적인 유전자 분포가 비정상적이기 때문에 병에 걸릴 위험이 높다"고 말했습니다. 많은 사람과 얕은 관계를 맺는 것보다 한두 사람이라도 깊은 관계를 맺는 것이 좋습니다. 외로움을 이길 수 있는 가장 좋은 방법은 성경 공부를 하면서 하나님을 만나는 것입니다.

리처드 도킨스의 《만들어진 신》이란 책을 보면 종교가 없는 사회가 더 희망적입니다. 종교가 없다면 자살 테러범도 9 · 11 테러도, 마녀 사냥도, 십자군 전쟁도, 이스라엘–팔레스타인 전쟁도, 아프가니스탄 피랍 사태도 없었을 것이라고 합니다. 과연 도킨스의 말에 동의할 수 있을까요?

인간의 짧은 식견과 이기심은 진리를 왜곡시킵니다. 신앙은 지적 노력에 의하는 것이 아니라 은혜가 있어야 합니다. 신앙은 생명, 관계, 갈급함에서 나옵니다. 하나님의 인간에 대한 무한한 사랑과 영성으로 인간이 만든 제도, 자유, 행복, 축복, 전쟁을 재구성해 볼 수 있는 지혜가 필요한 시대입니다.

경건한 사람은
우리 주 예수 그리스도를
닮기 위해 애쓴다.
그리스도 안에서
믿음의 삶을 살며,
주님께
매일 평안과 힘을
받을 뿐만 아니라
주님의 마음을
소유하기 위해 힘쓴다.
주님께서는 왕보다는
가난할지라도 경건한 자들을
더 많이 생각하신다.

— J. C. 라일, '주님의 마음을 소유한 자'

백화점의 창시자이자 현대 비즈니스의 개척자 존 워너메이커는 평생 하나님을 우선순위로 생각하며 헌신한 사람입니다. 그는 12살 이후로 정규 교육을 받지 못했지만 오직 하나님을 의지하고 성경의 가르침을 실천했습니다. 실제로 해리슨 대통령이 그를 체신부 장관으로 임명했을 때 주일성수를 할 수 있는 조건으로 장관직을 수락했다고 합니다. 그는 체신부 장관을 맡은 이후 자신의 말대로 4년 동안 한번도 빠지지 않고 워싱턴에서 필라델피아까지 먼 거리를 오가며 주일을 지켰으며, 세계 최대의 베다니 주일학교를 설립했습니다.

마음의 단순함이 교만한 지식보다 훌륭합니다. 인간이 주는 위로는 한계가 있지만, 하나님의 위로는 영원합니다. 늘 바쁜 생활이지만 자신을 비우면 하나님의 시원한 성령의 빗줄기를 체험하게 되는 것입니다.

이사야는 우상 숭배와 사회적 불의 속에서 살아가는 남유다 백성에게 메시아로 하나님의 언약과 소망을 보여 주기 위한 글입니다. 이사야는 히스기야가 간절한 기도로 생명을 연장받았음에도 실정으로 바벨론에게 망하게 됨을 경고했습니다.

그가 찔림은 우리의 허물 때문이요 그가 상함은 우리의 죄악 때문이라 그가 징계를 받으므로 우리는 평화를 누리고 그가 채찍에 맞으므로 우리는 나음을 받았도다 (이사야 53:5)

Chapter 2

:
:

이 땅에 하나님을 세워라

88 Things to Do Before Christians Die

독일 뤼베크 성당의 어느 낡은 돌판에는 이러한 시가 새겨져 있다고 합니다

"너희들은 나를 주라 부르면서도 나를 따르지 않고
너희들은 나를 빛이라 부르면서도 따르지 않고
너희들은 나를 길이라 부르면서도 걷지 않고
너희들은 나를 삶이라 부르면서도 의지하지 않고
너희들은 나를 지혜롭다고 부르면서도 배우지 않고
너희들은 나를 깨끗하다고 하면서도 사랑하지 않고
너희들은 나를 부(富)하다고 하면서도 구하지 않고
너희들은 나를 영원이라고 하면서도 찾지 않고
너희들은 나를 어질다 하면서도 오지 않고
너희들은 나를 존귀하다고 하면서도 섬기지 않고
너희들은 나를 강한다고 하면서도 존경하지 않고
너희들은 나를 의롭다 하면서도 두려워하지 않으니
그런즉 너희들을 꾸짖어도 나를 탓하지 마라."

이 세상에서 썩지 않는 세 가지는 덕과 지혜와 말씀입니다. 하나님이 말씀으로 천지를 창조하셨고 예수 그리스도는 인간을 위해 보혈을 감당하셨으니, 하나님을 아는 지혜를 가지시기를 바랍니다.

01

행함이
곧 믿음이다

| 행하지 않는 믿음은 믿음이 아니다. 진정한 믿음은 행함으로써 완성된다.

19세기 영국이 낳은 사상가 존 러스킨이 옥스퍼드 대학교의 경제학 교수로 있던 시절의 이야기입니다.

어느 날 러스킨은 빗속을 뚫고 강의실에 헐레벌떡 도착했습니다. 강의실까지 오는 길은 포장이 되어 있지 않아서 그의 옷이 온통 흙탕물 투성이가 되어 버렸습니다. 러스킨 교수는 흙을 털어내면서 학생들에게 말했습니다.

"여러분은 어째서 경제학을 배웁니까?"

갑작스런 교수의 질문에 영문을 몰라 하는데, 학생 하나가 자리에서 일어나며 러스킨에게서 배운 내용으로 대답했습니다.

"경제는 자신과 다른 사람의 이익을 추구하는 학문이라고 배웠습니다."

러스킨이 미소를 지으며 다시 물었습니다.

"지금 나는 이곳으로 오는 동안 길이 좋지 않아서 꽤 애를 먹었습니다. 그렇다면 여러분은 어떻게 해야 한다고 생각합니까?"

"당연히 길을 고쳐야 합니다."

학생이 그렇게 대답하자 러스킨은 당장 나가서 함께 길을 고치자고 말했습니다. 나머지 학생들도 모두 러스킨을 따랐습니다.

이후로 옥스퍼드 대학생들은 '학문에는 반드시 실천이 따라야 한다'는 존 러스킨의 정신을 기리며 그가 고친 길에 그의 이름을 따서 '러스킨의 길'이라고 불렀습니다.

예수님의 말씀을 듣고 예수님의 뜻을 알면 그대로 실천하는 사람이 바로 크리스천입니다. 행함이 곧 믿음입니다.

예레미야서는 유대 왕조의 멸망 시점에 선지가가 겪는 핍박과 고뇌를 보여 준 것으로 남 유다 백성들이 포로 생활을 인내하기 위하여 기록되었습니다.

그러나 그 날 후에 내가 이스라엘 집과 맺을 언약은 이러하니 곧 내가 나의 법을 그들의 속에 두며 그들의 마음에 기록하여 나는 그들의 하나님이 되고 그들은 내 백성이 될 것이라 여호와의 말씀이니라 (예레미야 31:33)

02

땅끝까지 이르러
복음 전파

> 성령님의 인도함에 따라 복음을 전합시다. 혹시 복음을 받아들일 준비
> 가 되지 않은 사람도 존중하는 마음의 준비도 필요합니다.

우리나라에서 해외에 파견하는 선교자 수는 세계에서 미국 다음
으로 많습니다. 국내에서만 봐도 한 번도 전도를 받지 않았다는 사
람은 대단히 드뭅니다.

지금도 명동에 가면 확성기를 장착한 차량에서 "예수님 천국, 불
신 지옥" 같은 구호가 끊임없이 흘러나옵니다. 이들도 똑같이 세상
에 하나님의 뜻을 널리 알리고자 하는 크리스천이지만, 전도 방식에
는 문제가 있어 보입니다.

서울 군자동의 한 교회는 카페를 운영하고 있습니다. 주중 오전
10시부터 오후 10시까지 카페로 운영되나 주말에는 예배공간이 됩

니다. 카페 형태의 개척은 비신자 전도에도 기여할 수 있습니다. 특히 지역사회와의 소통에 도움이 될 것입니다.

영국과 독일에서도 교인 수가 빠르게 감소하고 있습니다. 교회는 카페나 술집, 공공기관으로 바뀌고 있습니다. 우리 교회가 유럽 교회의 전철을 밟지 않으려면 선교의 새로운 패러다임 전환이 필요합니다. 대형교회와 개척교회가 서로 힘을 합해 교회 공동체를 회복해 나가야 합니다.

잘 다스리는 장로들은 배나 존경할 자로 알되 말씀과 가르침에 수고하는 이들에게는 더욱 그리할 것이니라 (디모데전서 5:17)

예레미야 애가는 예루살렘 함락으로 실의에 빠진 백성들에게 하나님께 돌아올 것과 회복을 기다리며 인내할 것을 권고하기 위함입니다.

여호와의 인자와 긍휼이 무궁하시므로 우리가 진멸되지 아니함이니이다 (예레미야 애가 3:22)

03

왼손이 한 일을
오른손이 모르게 하라

> 사람과 사귀면서 상대방이 자기에게 유익할 것을 바라기 전에, 자기가
> 상대방에게 어떤 점으로 봉사할 수 있는지를 생각한다.

봉사는 우리가 세상을 살아가며 받은 은혜를 갚는 방법입니다. 따라서 제대로 된 봉사에는 두 가지가 필요합니다. 도움을 받는 사람의 필요와 나의 자발적인 의지입니다. 우리가 다른 사람을 돕는 동안 하나님께서는 우리를 도우시기 때문입니다. 한평생을 봉사로 바친 나이팅게일은 자신의 삶에 대해 이런 말을 남겼습니다.

"한 평범한 여자가 봉사의 길로 인도된 것뿐입니다. 다 하나님께서 하신 일입니다."

미국의 시인 랄프 왈도 에머슨도 봉사에 대해 이런 말을 남겼습니다.

사람들에게 봉사하라. 그리하면 사람들은 그대에게 봉사할 것이요, 만약 그대가 한 평생을 걸고 사람들에게 봉사한다면 아무리 교활한 사람일지라도 그 보상을 그대에게 하지 않을 수 없을 것이다.

에스겔은 유다 백성들에게 현재의 고난이 자신들의 죄 때문임을 깨닫게 하고 이후에 있을 회복에 대한 소망을 갖게 하는 환상과 계시를 보여 준 것입니다.

내 처소가 그들 가운데에 있을 것이며 나는 그들의 하나님이 되고 그들은 내 백성이 되리라 (에스겔 37:27)

04

예수님처럼
경영하기

> 매일 자신의 쓰는 말 속에 성공의 씨앗이 있다. 말이 가진 힘을 아는 사
> 람이 성공에 이를 수 있다.

예수님은 성공하신 분입니다. 사랑과 섬김을 실천하시고 죽음을
영생으로 이끄셨습니다. 경영에서도 제자들을 훈련시키고 동기를
불어넣어 자아 실현과 인간관계를 성공적으로 이끄신 리더입니다.

나폴레옹은 이렇게 고백했습니다.

"나는 세상을 무력으로 정복하려다가 실패했고 예수님은 사랑으
로 온 세상을 정복하셨습니다."

예수님의 사랑은 죽음보다 깅하고 예수님의 경영 원리는 시공을
초월해 언제나 유효한 것입니다. 예수님을 닮아가는 것은 회개하여
삶의 방향을 바꾸는 것입니다. 그 다음 하늘의 것으로 혁신하고 변

혁하는 삶을 사는 것입니다. 경건한 훈련을 통해 예수님의 가르침을 기본삼아 생활하는 것입니다.

한 회사의 경영자로서 여러 가지 경영기법을 배우고 다른 회사의 전략을 벤치마킹하는 것이 중요합니다. 그러나 예수님의 경영전략을 배우면 그보다 더 좋은 전략과 비결이 없다는 것을 알게 됩니다.

예수님은 늘 계획을 세우고 이웃을 사랑하는 마음으로 철저히 실행하셨습니다. 모험을 피하지 않았으며 모든 일에 당당하셨습니다 권력을 휘두르지 않으면서 권위를 세우셨습니다. 약자의 편에서 누구에게나 공평하셨습니다. 오늘날 어떤 최고의 경영자라도 예수 그리스도의 경영관을 모르고서는 제대로 된 경영자가 될 수 없습니다.

세속적인 사람들은 돈을 벌기 위해 열심히 일합니다. 따라서 우리는 그리스도를 위해 일하는 것을 무거운 짐이라 생각하면 안 됩니다. 돈을 버는 일보다 더 중요한 것은 하나님의 사랑을 버는 것입니다.

우리는 형편에 따라 그리스도를 믿는 것이 아니라 아무것도 염려하지 않은 전적인 신뢰를 가지고 하나님이 채워 주실 은혜를 기대하는 것입니다.

예수님을 닮은 경영을 하고 싶다면 기도와 예배에 힘써야 합니다.

- 예배 없이 우리는 불행해진다. (A. W. 토저)
- 기도와 예배는 하나님의 보고를 여는 열쇠이며 현장이다. 눈물의 기도 없이는 천국에 들어갈 수 없다. (스펄전)
- 나로 하여금 하나님을 위해 불타오르게 하소서! 하나님께서 무엇을

명령하시든지 기도는 위대한 것이니. 나를 기도의 용사가 되게 하소서! (헨리 마틴)

주님께서는 지금도 자신을 닮은 용사를 찾으십니다. 하나님을 향한 불타는 열정을 가지고 무엇이든지 아멘으로 화답할 수 있는 용사를 찾고 계십니다. 물은 담는 그릇의 모양에 따라 달라지고, 사람은 친구들의 선악에 따라 판단되며, 성공과 실패는 예수님의 경영에 따르느냐에 따라 달라집니다. 예수님의 경영 원리를 따른다면 역경의 폭풍우에서 벗어나 축복의 단비를 체험하게 될 것입니다.

우리는 타인의 부족한 점, 허물, 약점들을 꾸짖으려고 하지 말고, 이해와 신뢰를 담은 질문을 통해 자기 스스로의 모습을 보게 하고 통찰력을 갖게 해야 합니다. 이런 점이 예수 그리스도가 지니신 남다른 지도력의 모습입니다. 그리고 우리가 예수 그리스도에게 배우고 닮아 가야 할 모습입니다.

다니엘서는 구약의 계시록으로 이방인에게 고난당하는 유다 백성들에게 하나님의 경륜을 보여 주어 하나님의 나라에 대한 소망을 갖게 합니다.

왕이 대답하여 다니엘에게 이르되 너희 하나님은 참으로 모든 신들의 신이시요 모든 왕의 주재시로다 네가 능히 이 은밀한 것을 나타내었으니 네 하나님은 또 은밀한 것을 나타내시는 이시로다 (다니엘 2:47)

05

하나님의 비전으로
살아가기

| 영혼의 보험에 드는 것은 삶의 전략을 하나님 편으로 바꾸는 것이다.

인간은 하루에도 오만 가지 생각을 하는데, 대부분 부정적인 생각
이라고 합니다. 그러나 성실과 진실을 이길 힘은 없습니다. 아침에
일어나면 걱정에 휩싸이지 말고 일어나자마자 무릎을 꿇고 기도로
하루를 시작해 보십시오. 평지에서는 돌멩이가 걸림돌이 되지만 시
냇가에서는 좋은 징검다리가 되듯이 우리는 어느 편에 서느냐가 중
요합니다.

똑같은 상황에서도 명랑한 사람이 있는가 하면 우울해하고 기분
나빠 하는 사람이 있습니다. 그들의 차이는 상황이 아니라 자신이
어느 편에 속하느냐에 달려 있습니다. 자신을 사랑하고 하나님을 바
라보는 사람들은 우울해하며 시간을 낭비하지 않습니다. 분명한 목

표 없이 살다 보면 전혀 예측하지 못한 엉뚱한 방향으로 가게 됩니다. 창조주에게 초점을 맞추는 일은 중요합니다. 크리스천으로서 해야 할 많은 일 중에 다음의 것들을 생각하면서 그분께 초점을 맞추어 봅시다.

첫째, 하나님은 나를 중요시하고 우리를 통해 기쁨을 받으십니다. 우리 자신을 하나님께 돌려 드리는 것입니다. 우리의 소망은 그분께 있습니다. 둘째, 하나님이 우리를 돌보시기 때문에 우리 삶은 달라질 수 있습니다. 셋째, 하나님이 우리의 여정에서 부르신다는 것을 깨닫는 것입니다.

인생의 어느 순간, 하나님은 우리 여정에 개입하여 그분을 믿고 신뢰하며 새로운 길을 가라고 요구하십니다. 한번도 가본 적 없는 숲길을 간다고 생각해 보세요. 중간에 나오는 갈림길은 늘 두렵고 생소합니다. 이때 당신은 어느 쪽으로 가겠습니까?

넓고 쉬워 보이는 길, 많은 사람들이 가는 길을 선택하고 싶은 유혹을 느낍니다. 대부분의 사람들이 그 길을 갔다면 틀림없이 옳은 길일 것입니다. 하지만 그때 한 사람이 다가와 더 좁고 사람들이 잘 다니지 않는 것처럼 보이는 길로 가라고 말합니다. 당신은 의심스럽다는 듯이 묻지만 당신이 길을 잃지 않도록 직접 목적지까지 함께해 주시는 예수님이 계십니다.

예수님을 바라보는 것은 그냥 주어지는 것이 아니라 희생을 동반하여 만들어 가는 것입니다. 예수님이 계시다는 것은 계시와 성경, 역사적인 사건들을 통해 알 수 있습니다. 그리고 무엇보다 우리의 마음속에서 들리는 주님의 음성이 그것을 증명합니다.

목적지를 정하지 않고 항해를 시작하는 배는 없을 것입니다. 하나님을 바라보는 것은 비전을 갖는 것과 같습니다. 비전은 공동체의 목적이요, 방향입니다. 비전은 공동체가 지향할 목적으로 그것을 실현하기 위해 움직입니다. 비전은 지도와 같은 것이며 핵심가치로서 공동체의 생명입니다. 존 맥스웰은《인재경영의 법칙》에서 "훌륭한 비전은 좋은 길잡이입니다. 비전은 조직이 나아가는 방향을 설정합니다. 비전은 한 조직의 법칙이나 규칙, 정책 안내서나 조직 체계가 줄 수 없는 방향을 제공합니다"라고 말했습니다.

호텔왕 콘래드 힐튼의 성공적인 삶을 사는 열 가지 방법

1. 매일 일관되게 열심히 기도하라.
2. 당신만의 특별한 재능을 찾아라.
3. 크게 생각하고, 크게 행동하고, 큰 꿈을 가져라.
4. 언제 어느 순간에도 정직하라.
5. 열정을 가지고 살라.
6. 재물의 노예가 되지 마라.
7. 문제를 해결할 때 서두르지 말고, 인내를 가지고 대하라.
8. 과거에 집착하지 마라.
9. 언제나 상대를 존중하고 업신여기지 마라.
10. 당신이 살고 있는 세계에 대해 자신이 할 수 있는 모든 책임을 다하라.

호세아서는 북이스라엘이 극심하게 타락하자 그에 따라 심판이 임할 것을 경고하고 호세아를 통해 하나님과 다시 회복하기를 알렸습니다.

내가 나를 위하여 그를 이 땅에 심고 긍휼히 여김을 받지 못하였던 자를 긍휼히 여기며 내 백성 아니었던 자에게 향하여 이르기를 너는 내 백성이라 하리니 그들은 이르기를 주는 내 하나님이시라 하리라 하시니라 (호세아 2:23)

06

인간의 운명은 무엇으로 좌우되는가

지금 하는 일에 최선을 다하겠다는 행동의 변화는 마음의 전진을 가져와 인생의 성공을 꿈꾸게 한다.

최근 《포브스》는 세계 각국의 학자들과 '우리는 왜 불행한가?'라는 주제로 세미나를 열었습니다. 소설가, 역사가, 철학자, 그 밖에 각계 명사들은 자기 나름대로의 배경과 관점을 가지고 이 주제에 접근했습니다. 이들이 공통적으로 내린 결론은 우리가 살고 있는 문명사회의 미래가 도덕적, 영적 구심점의 상실로 인해 불투명해졌다는 것입니다.

'인간은 시간, 질료, 기회라는 과정에 의해 무작위로 우연히 결정된 존재인가? 아니면 숙명론에서 벗어나 인간적인 조건을 탈피할 수 있는 초월성이 있는가?'라는 주제로 스티븐 호킹의 강의가 있었습니다.

과학자들과 철학자들은 모두 그의 말에 귀를 기울이고 있었습니다.

"인간의 운명은 결정되어 있는가? 그렇습니다! 그러나 무엇이 결정되어 있는지 우리가 모르기 때문에 어쩌면 인간의 운명은 결정된 것이 아닐 수도 있습니다."

순간적으로 숨소리조차도 들리지 않았습니다. 어느 누구도 호킹 박사가 말한 것보다 더 지혜로운 말을 남긴 적이 없었기 때문입니다. 잠시 후 호킹은 자신이 고민하는 문제를 추가로 덧붙였습니다.

"진화의 과정은 '공존'과 '공격'이라는 상극을 통해 이루어져 왔기 때문에 우리가 장기간 살아남는다는 보장은 없습니다. 인간이라는 우리 종족에게 무슨 소망이 있을지 심히 걱정스럽습니다. 하지만 만일 우리가 향후 100년 간 서로를 파괴시키는 일을 막을 수만 있다면, 과학 기술을 충분히 발달시켜 인간을 여러 다른 행성으로 분산시킬 수 있을 것이며, 그렇게 되면 한꺼번에 인간의 씨를 말리는 비극이나 살상은 일어나지 않을 것입니다."

자크 아탈리는《미래의 물결》에서 2025년이 되면 미국이 세계 최강에서 내려오고, 새롭고 강력한 공동체(하이퍼 제국)가 태평양을 중심으로 만들어질 것이라고 예측하였습니다. 이때 대한민국은 긍정과 이타적 사고로 민주주의의 모범국가가 될 것이라고 합니다.

강국이 되기 위해서는 위로가 아닌 희생을, 감정 대신에 헌신을, 법보다는 정의를, 육신이 아닌 영혼을, 분노가 아닌 용서를, 인간보다 하나님을 앞세우는 나라가 되어야 합니다. 하나님이 친히 지불하신 구속의 대가로 얻게 되는 용서와 사랑은 증오로 가득 찬 세계와는 대조적으로 찬연히 빛날 것입니다. 인생이란 얼마간의 아픔을 견디고 포기하지 않아야 아름답게 꽃 피울 수 있습니다. 민들레는 척박한 땅에서 밟혀도 다시 환하게 피고, 죽어가던 산도 새 봄이 되면 다시 초록으로 물들기 마련입니다.

정직하고 성실하게 내면의 거울을 깨끗하게 유지하고 평소 맡은 일에 최선을 다할 때만 기회가 옵니다. 지금 하고 있는 일부터 최선을 다해 보십시오. 그리고 즐기십시오. 영국이 낳은 세계적인 문호 칼라일은 이렇게 말합니다.

"그대가 하는 일이 미천하다고 낙심하지 마라. 그대의 일은 하나님께서 그대에게만 맡기신 가장 중요한 일이다."

그 주인이 이르되 잘하였도다 착하고 충성된 종아 네가 적은 일에 충성하였으매 내가 많은 것을 네게 맡기리니 네 주인의 즐거움에 참여할지어다 (마태복음 25:21)

요엘서는 메뚜기 재앙과 가뭄에 대한 해석을 제공함으로써 하나님의 심판을 경고하고 타락한 유대 백성들을 회개케 하기 위해 쓰였습니다.

내가 내 영을 만민에게 부어 주리니 너희 자녀들이 장래 일을 말할 것이며 너희 늙은이는 꿈을 꾸며 너희 젊은이는 이상을 볼 것이며 (요엘 2:28)

07

우리는 어떤 선택을 하며
살아가는가

> 임종할 때에 장의사조차 슬퍼할 수 있는 삶을 살아야 한다. 그러기 위
> 해 나는 지금 무엇을 선택해야 할까?

어떤 사람이 참다운 크리스천일까요? 물론 성경의 사람일 것입니
다. 하지만 세상에서 좋은 영향력을 주는 아래와 같은 사람이 되기
위해 작은 것부터 스스로 실천해 보는 건 어떨까요?

참다운 크리스천이 되기 위한 10가지 방법

❶ 무슨 약속이든 약속시간 5분 전에 도착하는 사람

❷ 예배드릴 때 앞자리에 앉는 사람

❸ 다른 사람의 처지를 먼저 생각하는 사람

❹ 모든 일에 솔선수범하는 사람

❺ 신뢰할 수 있는 사람

❻ 누구에게나 다정한 사람

❼ 언제 봐도 밝은 얼굴과 따뜻한 미소를 품고 사는 사람

❽ 남의 잘못을 보면 덮어주려고 애쓰는 사람

❾ 예배와 묵상을 즐기는 사람

❿ 언제나 다른 사람의 말을 즐겨 듣는 사람

한 사람이 어린 시절 주일학교에 열심히 다녔지만 크면서 세상 재미에 빠져 교회를 멀리하고 예수님을 잊고 살았습니다. 그러나 마음의 허전함은 여전했고 참된 기쁨과 평안을 누리지 못했습니다. 그러던 어느 날 성경책을 뒤적거렸습니다. 그때 믿음에 대한 향수가 뭉클하게 올라왔습니다. 그는 교회로 달려가서 오직 하나님 영광만을 위해 살기로 선택했습니다. 이 사람이 '주 예수님보다 더 귀한 것은 없네'를 작곡해 세계인들에게 아름다운 찬송을 선물한 유명한 복음성가 가수이자 작곡가인 쉐아(Shea)입니다.

종교적인 선택이란 순간순간 일어나는 모든 것을 신에게 의지하는 것입니다. 그리고 이 선택을 통해 운명이 바뀝니다. 선택은 헌신적인 요구와 좋은 습관이 뒷받침되어야 합니다.

A. W. 토리는 "예배 없이 우리는 불행해진다"라고 말했습니다. 예배란 나를 위한 감동, 기쁨, 인도, 죄사함으로 가게 하는 가장 현명한 선택입니다.

제럴드 브룩스 목사는 결정을 분석하는 몇 가지 요소를 제시했습

니다.

첫째, 우리의 결정에 대해 '진보 테스트'와 둘째, 우리가 한 결정에 대한 '영향력 테스트'를 받아야 합니다. 셋째, '결정의 동기'가 필요하며, 넷째로 우리의 결정이 '하나님의 도덕적 의지와 일치하는가?' 자문해야 하며, 다섯째로 그 결정의 '전망'에 관해 생각해 보는 것입니다. 마지막으로 '산 정상에서 그 결정을 세상에 외쳐 알리는 것' 입니다.

아모스서는 정치적 안정과 물질적 풍요 속에 살면서 영적으로 타락한 북 이스라엘 백성에게 하나님의 공의의 심판과 은혜의 구원을 예언하기 위해 쓰였습니다.

오직 정의를 물 같이, 공의를 마르지 않는 강 같이 흐르게 할지어다
(아모스 5:24)

08

다른 사람
배려하기

돈으로도 살 수 없는 배려의 능력이야말로 행복한 사람을 만드는 요소
이다.

조금만 가면 될 텐데,

실패하는 사람들은 얼마나 가까이

목적지에 왔는지 알지 못하고

포기해 버린다.

– 토마스 에디슨

얼룩소와 누렁소가 사이좋게 살고 있었습니다. 그러던 어느 날 배
고픈 사자가 이들을 공격했습니다. 얼룩소는 아무리 짐승의 왕 사자
라도 우리 둘이 힘을 합치면 사자를 몰아낼 수 있다며 함께 싸우자

고 말했습니다. 하지만 누렁소는 우선 나부터 살아야겠다면서 먼저 도망쳐 버렸습니다. 결국 남아 있던 얼룩소와 도망치던 누렁소는 모두 사자에게 잡아먹히고 말았습니다.

조그만 연못에 붕어 두 마리가 살고 있었습니다. 검은 붕어는 먹을 것이 풍족하지 않아 늘 불평하면서 같이 살고 있는 흰 붕어가 빨리 없어지기를 바랐습니다. 결국 검은 붕어는 먹을 것을 혼자 먹었고 흰 붕어는 굶어 죽었습니다. 검은 붕어는 쾌재를 부르며 연못의 주인이 된 것을 기뻐했습니다. 그러나 며칠 후 죽은 흰 붕어의 시체 때문에 물이 더러워졌고, 결국 검은 붕어도 죽었습니다.

서로를 배려하고 생각했다면 이러한 비극은 일어나지 않았을 것입니다. 위의 두 일화를 통해 우리는 다른 사람을 배려하는 것이 얼마나 중요한지 알 수 있습니다.

골프계의 거인 잭 니클라우스는 고맙다는 말을 잘하기로 유명합니다. 고맙다는 말과 아첨은 분명 다릅니다. 부와 명성을 쌓은 오프라 윈프리도 매사에 감사하고 고마워하라고 말했습니다. 감사의 마음을 전할 때에는 과장이나 거짓 없이 진심을 다해 말해야 합니다. 다른 이에 대한 감사와 조그만 격려, 부드러운 속삭임이 지친 영혼을 회복시켜 줍니다. 계속 사용하는 말이 자신의 운명을 판가름합니다.

라인홀드 니버는 신앙의 3요소인 믿음 · 소망 · 사랑에 하나를 더하라고 한다면 단연 '감사'라고 했습니다. 감사를 어떻게 하느냐에 따라 사람의 생각과 믿음의 정도를 판가름할 수 있습니다. 나폴레옹은 죽기 전에 남을 배려하며 살지 못한 것을 이렇게 한탄했습니다.

"나의 몰락은 누구의 탓도 아니다. 나 자신의 탓이다. 내가 나의 최대의 적이었고 비참한 운명의 원인이었다."

맹인이 혼자 등불을 켜고 밤길을 걷고 있었습니다. 사람들은 자신은 불도 보지 못하면서 무슨 불을 켜고 다니느냐고 비웃었습니다. 그러자 맹인은 "이 불은 다른 이를 위한 것입니다"라고 말했습니다. 배려는 이처럼 작은 데서부터 실천하는 것입니다.

남을 배려하기 위한 작은 실천

1. 남을 함부로 부르지 말아야 합니다. 무심코 하는 언어 폭력은 실제 폭력만큼이나 위압감을 줍니다.

2. 비판보다 칭찬거리를 먼저 찾아야 합니다. 칭찬을 싫어할 사람은 없습니다.

3. 상대에게 끊임없이 호의를 베풀어야 합니다. 타고난 성격 탓 하지 말고 자신이 소중한 것처럼 타인도 존중해야 합니다.

4. 상대방에게 분을 품지 말아야 합니다. 화를 내는 것은 감정의 화로에 장작을 던지는 것과 같습니다.

5. 싸우지 말아야 합니다. 상대에 대한 적대감을 버려야 합니다.

6. 상대방이 틀렸다고 꾸짖거나 몰아세우지 말아야 합니다. 상대방은 나와 다른 의견일 뿐입니다.

7. 한 걸음만 더 양보하고, 한 마디만 더 배려해 보십시오. 기대한

것보다 조금 더 행복해질 수 있습니다.

8. "나는 당신이 지금 어떤 기분인지를 안다"고 말해 보십시오. 놀라운 효과가 있습니다.

9. 무언가 질문하고 그 얘기에 귀를 기울여야 합니다. 진지하게 자기의 말을 들어주는 사람을 싫어할 사람은 없습니다.

10. 그 상대를 위해 기도하고 용서하십시오. 사랑으로 감싸는 모습을 마음속으로 그려야 합니다.

오바댜서는 유대의 멸망을 도운 애돔에게는 심판을 선포하고 유다에게는 회복을 선포하여 유다 백성들에게 소망을 주기 위한 예언서입니다.

네가 네 형제 야곱에게 행한 포학으로 말미암아 부끄러움을 당하고 영원히 멸절되리라 (오바댜 1:10)

09

다른 종교
배척하지 않기

> 본래 우연이란 것은 없다. 무언가 간절히 필요한 사람이 발견한 것이지
> 결코 우연에 의해서 이루어진 것만은 아니다. 자신의 소망과 은혜가 종
> 교를 가져다준다.

인간의 역사는 종교의 역사입니다. 사람이 모이면 종교행위가 반드시 있기 마련입니다. 하나님이 인간을 창조하였기에 하나님의 말씀은 인간의 DNA 속에 깃들어 있습니다. 종교학에서는 많은 종교들을 2가지 범주로 나누어 설명합니다.

첫째, 자연종교로서 인간이 노력하고 수행하며 공덕을 쌓아 신의 경지에 이르는 종교입니다. 불교가 대표적인 경우입니다.

둘째, 계시종교로서 신이 인간에게 다가와 믿기만 하면 구원해 준다는 종교로 기독교가 여기에 해당됩니다.

9·11 테러 이후 헌팅턴은 '문명 충돌'이란 용어로 세계 종교 간의 전쟁을 예상했습니다. 우리나라에서 종교 간의 큰 싸움 없이 공존하고 있다는 것은 하나님의 은혜요, 우리 사회가 매우 성숙된 사회임을 자부해도 좋을 것 같습니다. 다른 나라의 경우 종교분쟁으로 나라가 병들어 가고 피폐해져 간 경우도 있습니다. 종교전쟁이 무서운 것은 자신들은 신의 편에 서고 상대방은 사탄의 편에 서 있다고 생각하기 때문에 극도로 무자비해진다는 것입니다.

우리가 평화롭게 종교들 간 공존을 유지할 수 있었던 배경을 우리의 음식문화에서 찾아볼 수도 있습니다. 우리의 대표음식 중 비빔밥이나 설렁탕은 여러 재료를 한 곳에 넣고 섞은 것입니다. 즉 다른 재료들의 성격을 수용하고 조화를 이룰 때 제 맛이 나오는 것입니다. 기독교의 사랑과 소망, 불교의 자비정신이 대립되지 않고 공존하는 것은 우리 민족의 긍정적인 유산이기도 합니다.

위대한 종교는 감동과 설득력이 있으며 남의 것을 인정하는 아량을 가지고 있습니다. 인종차별이 심한 미국에서 백인에게도 존경받는 마틴 루터 킹 목사는 서민적이고 다른 사람의 꿈을 존중할 줄 아는 사람입니다. 그는 사람들을 향해 이렇게 설교했습니다.

"제가 세상에 조금 알려져 있다고 해서 성인이나 위인으로 생각지 마세요. 저도 하나님 앞에서 죄인일 뿐입니다. 매일 좋은 인간이 되려고 애쓰고 있습니다. 언젠가 주님이 오셔서 잘 살았다고 말씀해 주시기를 바라며 살고 있습니다."

종교를 서로 비교하고 싸우는 것은 부질없는 일입니다. 교리와 삶의 현실을 논하기 전에 각자 신앙의 자세를 올바로 가지는 것이 더욱 중요합니다. 우리는 다른 종교를 비판하기에 앞서 하나님의 높으신 뜻을 깨닫고 그분 앞에 우리를 낮추어야 합니다.

요나서는 이스라엘의 잘못된 종교적 도덕적 우월감과 특권을 버리고 전 민족을 향한 하나님의 보편적인 사랑을 알려 주기 위해 쓰였습니다.

하나님이 그들이 행한 것 곧 그 악한 길에서 돌이켜 떠난 것을 보시고 하나님이 뜻을 돌이키사 그들에게 내리리라고 말씀하신 재앙을 내리지 아니하시니라 (요나 3:10)

10

20억 명 미전도인에게
하나님의 복음 전하기

| 역사는 기억하고 꿈꾸는 자의 몫이다.

칭기즈칸은 20만 명이라는 적은 수의 군대로 세계를 정복했고 150년간 지배했습니다. 기동성과 과학문명을 우선시한 그의 리더십에서 다음 몇 가지 전략을 발견할 수 있습니다.

첫째, 분열되었던 몽골족을 하나로 뭉치게 하는 비전을 제시했습니다. 둘째, 자신의 부하를 훌륭한 리더로 키워 낸 지도자 리더십을 발휘했고, 셋째, 끊임없는 전쟁에서의 승리 정신을 고취시켰습니다. 넷째, 스피드를 중시하여 부대를 빠르게 이동시켰습니다. 다섯째, 획득물을 모두 공평하게 나누어 주었습니다. 여섯째, 과학 기술과 교역을 장려했습니다. 일곱째, 일사불란한 조직체계를 가졌습니다.

최근 알타이 연방을 꿈꾸는 사람들이 많아졌습니다. 우리나라가 주도하여 옛 몽고가 누렸던 세계의 지도자 역할을 하자는 것입니다. 마치 이전 영국이 느슨한 연방을 통해 해가 지지 않은 나라를 이룬 것처럼 조상이 같고 언어 구조가 같은 몽고, 만주, 중앙아시아, 일본, 터키를 단일권으로 묶는 것입니다. 그렇게 된다면 총 인구가 4억 명이 넘는 세계적인 강국이 될 수 있습니다. 몽고의 총 인구 약 250여만 명을 우리가 먹여 살리는 대신 한반도의 8배나 되는 드넓은 몽고의 땅과 세계 10대 자원국에 드는 풍부한 자원을 이용하는 윈윈 전략입니다. 자원이 부족한 우리나라로서는 빠르게 성장할 수 있는 기회가 될 것입니다.

인류의 긴 역사 속에서 30개 정도의 문명권이 창조되었지만 지금은 이름뿐인 곳이 많습니다. 연해주, 만주벌을 가로지르며 동쪽으로는 페르시아(현재 이라크)까지 진출했고, 서쪽로는 터키까지 지배했던 세계 최고의 강국 우랄알타이어족들 중에 몽고족과 만주족은 쇠퇴의 길을 걸었습니다. 몽고의 쇠퇴는 해상을 이용하는 새로운 세력의 등장과 총의 발명이라는 새로운 변화에 적응하지 못했기 때문입니다.

남미의 마야문명과 잉카문명을 창조했던 부족은 유럽인과 혼혈되거나 겨우 명맥만을 유지하고 있습니다. 그나마 우랄알타이어족이자 엉덩이에 푸른 얼룩 점이 있는 민족으로서 한민족과 일본만이 세계의 주역으로 남아 있습니다. 우리의 자손들에게 영광스러운 조국을 남겨 주기 위해서는 강국 코리아를 꿈꾸는 비전을 창출해야 합니다. 남쪽의 다도해를 유럽의 에게해처럼 만들고, 10만 달러 국민소득을 추구하며, 동북아 지역의 허브가 되도록 노력해야 합니다.

우리나라가 이처럼 잘살게 된 이유를 곰곰이 생각해 보면 20세기 말 하나님의 특별한 선택을 받았기 때문이 아닌가 합니다. 하나님은 한국 교회에게 세계부흥화를 위한 선교사역을 하라고 명령하셨습니다. 현재 180여 개국에 1,500여 명의 선교사를 보내 세계 제2의 파송국가가 되었지만, 아직도 8천여 미전도국가, 20억 명의 사람들이 예수님의 복음을 전혀 들어 보지 못한 상태에 있습니다. 한국 교회의 새벽기도, 철야기도, 제자 훈련, 전도 폭발이라는 열정을 세계로 전도하라고 하나님께서는 경제적 에너지를 주신 것입니다.

미가서는 부패해 가는 유다의 지배 계층에게 장차 임할 하나님의 심판을 경고하며 회개를 촉구하고 사회 정의를 교훈하기 위함으로 가난한 자의 편에서 공의를 표하시는 메시아의 도래를 암시합니다.

사람아 주께서 선한 것이 무엇임을 네게 보이셨나니 여호와께서 네게 구하시는 것은 오직 정의를 행하며 인자를 사랑하며 겸손하게 네 하나님과 함께 행하는 것이 아니냐 (미가 6:8)

11

솔선수범하는 삶
실천하기

인생처럼 아름다운 것은 없다. 떠날 때 다시 만나보고 싶은 존재가 되
어야겠다.

나이가 들수록 복거지계(覆車之戒)라는 말을 깊이 생각하게 됩니
다. 앞의 수레가 엎어진 바퀴자국이라는 뜻으로 남의 실수를 거울
삼아 자신을 경계하라는 뜻입니다.

여러 운동 경기 가운데 특히 야구에는 성경적인 요소가 많습니다.
앞서 나간 선수들을 진루시키기 위해 자신을 죽이는 희생번트를 댑
니다. 또한 점수를 내기 위해 스퀴즈번트를 대어 자기는 죽고 3루에
있던 선수가 홈으로 들어올 수 있게 하여 점수를 냅니다. 희생번트
나 희생타를 치는 것은 시시한 일이 아니라 어찌 보면 안타를 치는
것만큼 중요합니다. 기독교 역시 희생정신에서 출발했습니다. 우리

를 구원하기 위해 십자가를 지신 예수님의 모습을 본받아 우리도 하나님의 희생, 즉 사랑을 배워야 합니다.

현대 사회는 늘 외모와 물질에 대한 지나친 걱정으로 병든 사회가 되었습니다. 우리는 외모 중시 풍조와 물질 숭배라는 마귀의 올무에서 벗어나 영원히 하나님의 백성이 되어야겠습니다. 하나님은 성경을 통해 분명히 말씀하셨습니다.

"너를 지으신 이가 말씀하시느니라. 너는 두려워하지 마라. 너는 내 것이라."

자녀들은 부모의 그림자를 보면서 성장합니다. 부모가 돌아가시고 나서야 비로소 부모의 진가를 깨닫게 되고 죽음의 의미를 어느 정도 알게 됩니다. 기업 최고경영자의 덕목은 후배를 발굴하고 육성하는 것입니다. 새로 회사에 입사한 사람은 최고경영자를 바라보고 학생은 선생의 뒷모습을 보며 인생을 배워 갑니다.

다른 사람에게 좋은 영향을 미치기 위해서는 먼저 솔선수범해야 합니다. 다른 사람을 가르치기 전에 나 스스로가 맡은 일에 충실히 해야 합니다.

살아 있을 때 얼마나 높은 자리에 있었느냐, 얼마나 부자로 살았느냐, 얼마나 큰일을 하며 살았느냐 하는 것은 그리 중요하지 않습니다. 눈에 보이는 인생만이 삶의 전부는 아니기 때문입니다. 영원한 삶에 있어서는 어떻게 죽느냐가 더욱 중요합니다.

여기 유대인들이 자녀들에게 유대인답게 사는 길을 가르치는 우화가 있습니다.

어느 날 영리한 여우 한 마리가 어슬렁거리며 바닷가에 내려갔습니다. 바닷속 물고기를 잡아먹고 싶어 작은 물고기들에게 말했습니다.

"사랑하는 작은 물고기 여러분, 바닷속은 위험하지 않습니까? 육지에 올라와서 우리와 함께 삽시다. 어부들이 그물을 쳐서 여러분을 잡으려는데 무섭지 않습니까? 또 큰 물고기들은 매일 매일 여러분들을 노리고 있지요. 육지에 오면 이 모든 걱정이 사라집니다."

작은 물고기들이 모여서 회의를 했습니다. 여우의 말을 따르자는 쪽과 바다에 그냥 살자는 쪽의 의견이 팽팽하게 맞섰습니다. 오랫동안 논의한 결과 이제까지 살아온 방식대로 바다에 살기로 했습니다. 물고기 대표가 여우에게 이렇게 말했습니다.

"우리를 생각해 주는 것은 고맙지만 우리는 그냥 살던 곳에 살겠습니다."

유대인은 유대인답게 살아야 한다는 교훈입니다. 우리도 마찬가지입니다. 크리스천은 크리스천답게 살아야 합니다.

나훔서는 이방에서 억압받고 고통받는 유다의 구원을 선포하고, 악한 자를 심판하시는 하나님의 공의 성취를 깨닫게 하기 위함으로 선지자 나훔이 쓴 글입니다.

이제 네게 지운 그의 멍에를 내가 깨뜨리고 네 결박을 끊으리라 (나훔 1:13)

12

하나님의
아름다운 세상 만들기

> 참으로 위대한 것은 우리가 어디에 있는지보다는 어디로 향하는지를
> 아는 힘이다.

지구 곳곳에서 이상기후 현상이 일어나고 있습니다. 지구온난화
로 인한 인류의 대재앙이 시작되었습니다. 지구의 기후 변화에 따른
환경보존은 인간이 해결해야 할 시급한 화두입니다.

현재 지구 온난화의 주범인 온실가스를 조절하기 위해 탄소 배
출권 시장이 개설되는 등 환경과 경제의 통합을 본질로 하는 제3
차 산업혁명이 진행되고 있습니다. 먹고사는 일도 시급하고 정치
도 중요하지만, 무너져 가는 환경을 지키는 일이 우선시되어야 합
니다.

지구는 우리 인간의 것이 아닙니다. 환경이 무너지면 인간의 생존

도 위협받을 수 있습니다. 사소한 일부터 실천해야 합니다. 일상생활 속에서 자가용보다는 대중교통을 이용하고 실내 온도를 적정하게 유지해야 합니다.

크리스천이라면 하나님이 주신 아름다운 세상을 지키고 가꾸기 위한 의식을 가져야 합니다.

세계 교회의 신학 흐름 자체도 변하고 있습니다. 1517년 마틴 루터의 개혁운동을 계기로 시작된 개신교는 지난 500여 년간 사람은 믿음으로 구원받는다는 구원론이 신학의 중심을 이루어 왔습니다.

그러나 최근 들어 이런 믿음과 구원 문제에서 환경과 생태 문제로 신학의 중심이 바뀌고 있습니다. 다시 말해 '창조질서의 보존'이라 할 수 있습니다.

1962년 레이첼 카슨은 《침묵의 봄》에서 "미국에 봄이 와도 자연은 침묵하고 있다"라며 지구 환경 오염의 무서움에 대해 말했습니다. 인간 문명의 발달이 자연 환경을 해치고 있습니다.

한 예로, 독일의 한 화학자가 해충을 박멸하기 위해 개발한 DDT라는 살충제가 자연을 파괴하고 신을 위협하는 수준에까지 이른 경우가 그것입니다. 이뿐만 아니라 극지방의 빙하가 녹아내려 해수면이 높아지고 기후가 변하여, 생태계가 파괴되고 있습니다. 사계절이 뚜렷한 온대기후인 우리나라도 점차 아열대기후로 바뀌고 있습니다. 이렇듯 환경 문제는 이제 인류의 생존까지도 위협하는 어두운 그림자로 다가오고 있습니다. 하나님이 창조하신

아름다운 지구의 모습은 크리스천들이 사명을 가지고 지켜 나가야
할 것입니다.

소중한 자연을 찾는 사람들은 다음과 같이 지켜야 할 세 가지 수
칙이 있습니다.

첫째, 아무것도 훼손하지 말고, 사진만 가지고 오십시오.

둘째, 무엇인가 목적을 생각하지 말고 머리를 비운 채 시간만 보
내십시오.

셋째, 내가 걸은 발자국 외에 다녀온 흔적을 남기지 마십시오.

하나님을 향한 거룩한 기도도 중요하지만 물자를 절약하고 오염
이 발생되지 않도록 노력하는 실천적 신앙이 필요합니다.

당신이 하나님께 조금 더 특별한 신앙으로 다가서길 바란다면 하
나님의 세상을 지키려는 헌신을 보이십시오. 우리는 하나님 앞에 부
끄럽지 않게 살아갈 의무가 있습니다.

우리 삶에 간직하고 있는 많은 달란트들을 하나님이 주신 세상
을 위해 사용해야 합니다. 믿음이란 모든 위기 상황에서 예수님과
손잡고 승리를 향해 나아가는 것을 의미합니다. 하나님의 말씀만
을 믿는 것에서 진일보하여 자신의 뜻과 의지로 그분께 굴복하십
시오.

하박국서는 '하나님은 왜 사악한 갈대아인들을 유다 징계의 도구로 사용하시는가'라는 하박국의 신앙적 물음에 '오직 의인은 믿음으로 말미암아 살리라'라는 하나님과의 대화 형식으로 쓰인 예언서입니다.

보라 그의 마음은 교만하며 그 속에서 정직하지 못하나 의인은 그의 믿음으로 말미암아 살리라 (하박국 2:4)

13

노블레스 오블리주적 삶
실천하기

| 보람된 인생을 원한다면 다른 이를 배려하는 일부터 시작하라.

우리 사회에는 노블레스 오블리주(noblesse oblige)가 꼭 필요합니다. 노블레스는 프랑스어로 '명예'라는 뜻이고, 오블리주는 '의무'라는 뜻입니다. 노블레스 오블리주는 부와 권력, 명예가 있는 지도층의 도덕적 의무를 말합니다.

노블레스 오블리주의 원조격인 로마 귀족은 전쟁이 나면 직접 나서서 선봉에서 싸웠습니다. 사회적 책임감은 귀족만의 명예였으며 노예와 구분하는 기준이자 로마제국의 밑바탕을 만들었습니다.

영국은 로마의 전통을 이어받은 대표적인 국가입니다. 엘리자베스 여왕의 차남 앤드류 왕자가 1982년 아르헨티나와 벌인 포클랜드 전쟁에 헬리콥터 조종사로 참전한 일은 상징적입니다. 앤드류 왕자는 상대편 미사일 교란을 위해 헬기로 적진 앞에 쇳가루를 뿌렸고 영국은 승리했습니다.

이 같은 전통은 왕족에게만 있는 게 아닙니다. 명문 이튼 칼리지 내 교회 건물엔 제1차 세계대전에서 목숨을 잃은 이 학교의 졸업생 1,157명의 이름이 새겨져 있습니다. 졸업생 상당수가 귀족이지만 전쟁에 나가 싸우는 모범을 보였습니다. 전쟁터에서 백만인을 이기는 것보다 자기 자신을 이기고 헌신하는 사람이야말로 진정한 지혜로운 자인 것입니다.

귀족 없이 출발한 신흥국가 미국은 '기부'란 형태로 노블레스 오블리주를 실천합니다. 철강왕 앤드류 카네기는 65세 때인 1900년에 '부자인 채 죽는 것은 정말 부끄러운 일'이라며 회사를 5억 달러에 처분하고 자선활동을 시작했습니다. 이후 록펠러와 포드도 각각 3억 5,000만 달러와 5억 달러를 사회에 환원했습니다. 최근에는 빌 게이츠, 워런 버핏 등이 기부 전통을 이어가고 있습니다. 미국 사회에서 존경받는 사람은 부를 누리는 사람이 아니라, 남을 위해 봉사하는 따뜻한 마음의 소유자입니다. 어떤 모습으로 남을 돕든지 그것은 천국에 그대로 쌓입니다.

노블레스 오블리주를 엿볼 수 있는 사례는 우리나라에도 있습니다. 신라시대 14~16세가 된 귀족층 자제를 중심으로 한 화랑제도가 그것입니다.

유명한 황산벌 전투에서 나이 16세의 화랑 관창은 활 솜씨가 능숙해서 백제를 공격할 때 부장으로 전쟁터에 나갔습니다. 양쪽의 군대가 서로 대치하자 아버지 품일은 관창에게 말했습니다.

"너는 비록 어린 나이지만 뜻과 기개가 있어 오늘이 바로 공명을 세워 부귀를 취할 수 있는 때이니 어찌 용기가 없겠는가?"

아버지의 말은 들은 관창은 곧바로 말에 올라 창을 들고 홀로 적진에 곧바로 진격하였으나 결국 적의 포로가 되었습니다. 그는 백제의 원수(元帥) 계백의 앞에 끌려갔으나 어리고 용기가 있음을 아끼어 차마 죽이지 못하고 다시 돌려보냈습니다. 관창이 신라로 돌아가 말했습니다.

"제가 적진 가운데에 들어가서 장수의 목을 베지 못하고 그 깃발을 꺾지 못한 것이 깊이 한스러울 따름입니다. 다시 들어가면 반드시 성공할 수 있습니다."

그는 손으로 우물물을 받아 마시고는 적진에 다시 돌진하여 민첩하게 싸웠으나, 결국 머리를 베였고 말 안장에 매어 보내졌습니다. 이것을 본 신라군은 분노했고 그대로 백제군을 향해 진격해서 크게 승리했습니다.

또한 660년 화랑 출신이었던 김유신의 동생 김흠춘은 황산벌에서 계백 결사대에 몰리자 아들 반굴에게 충과 효를 함께 이룰 수 있는 기회라며 목숨을 바쳐 싸우라 했습니다.

조선시대 최고 부자였던 경주 최씨 가문도 노블레스 오블리주의 전형으로 꼽을 수 있습니다. 이 집안이 1600년대부터 300년 동안 대대로 만석꾼을 배출한 데는 비결이 있었습니다. 경주 최씨 가문의 가훈은 "만석 이상의 재산을 모으지 말고 과객을 후하게 대접하며,

100리 안에 굶어 죽는 사람이 없게 하라"는 것이었습니다. 또 흉년에는 남의 논과 밭을 사지 말라는 내용도 있었습니다.

너희를 위해 보물을 땅에 쌓아두지 말라. 한 사람이 두 주인을 섬기지 못할 것이니 너희가 하나님과 재물을 겸하여 섬기지 못하느니라. 너희는 먼저 그의 나라와 의를 구하라. (마 6:19-33)

스바냐는 유다의 범죄함에 대한 하나님의 심판을 예고함으로써 이를 깨달아 회개하고 돌아오기를 위함으로 심판과 구원의 양면성을 보여 줍니다.

너의 하나님 여호와가 너의 가운데에 계시니 그는 구원을 베푸실 전능자이시라 그가 너로 말미암아 기쁨을 이기지 못하시며 너를 잠잠히 사랑하시며 너로 말미암아 즐거이 부르며 기뻐하시리라 하리라 (스바냐 3:17)

14

아름다운 전도의 삶
살아가기

| 지식이 많고 적음보다 중요한 것은 전도의 중요성을 아는 것이다.

어느 선교사가 비누 공장 주인을 전도하려고 했습니다. 그런데 부정적인 성격의 사장은 평소 선교사가 못마땅했는지 그에게 따지기 시작했습니다.

"당신이 전하는 예수님의 복음이 이제껏 세상에 아무런 영향도 끼치지 못했소. 보시오, 무엇 하나 변한 게 있소? 세상은 썩어 병들어 가고, 여기 가난한 사람들이 지천이오."

가만히 듣고 있던 선교사는 마침 흙장난을 하는 아이들을 가리키며 말했습니다.

"사장님, 비누도 뭐 별로 한 일이 없네요. 저기를 보세요, 아직도 더러운 옷을 입고 때 묻은 아이들이 있잖아요."

"그거야 비누를 사용해야 비누의 효과가 나오지 그대로 두면 깨끗해집니까?"

선교사는 이 말을 놓치지 않고 복음의 효과에 대해 말했습니다.

"바로 그겁니다. 우리가 전하는 복음도 비누와 마찬가지입니다. 태양의 빛이 아무리 강해도 집에 들어와 문을 닫으면 그 빛이 들어오지 못하듯이, 복음도 마음의 문을 열어 둔 사람에게만 역사합니다."

미국의 카터 대통령은 경건한 크리스천으로서 선거 유세 기간에도 전도를 했고, 교회에서 어린 영혼들을 가르치는 시간이 가장 행복한 시간이었다고도 고백했습니다.

학개는 귀환 후에 성전을 재건하다가 주변 민족들의 방해로 중단한 채 의기소침해진 이스라엘 민족을 격려함으로써 성전 재건을 완수하기 위한 예언서입니다.

너희는 산에 올라가서 나무를 가져다가 성전을 건축하라 그리하면 내가 그것으로 말미암아 기뻐하고 또 영광을 얻으리라 여호와가 말하였느니라 (학개 1:8)

15

자녀교육 잘 시키기

| 자녀를 훌륭하게 키우는 것이 사회와 가족에 대한 첫 번째 의무다.

철학자인 소크라테스는 죽기 전에 제자들에게 당부했습니다.

"사람들이여, 재물을 모으는 일에만 충실하지 말고 그것을 물려받을 아이들에게 좀 더 많은 사랑과 정성을 쏟아라. 이것이 내 인생을 통해 얻는 가장 귀한 교훈이다."

자녀교육은 막연히 일류 대학에 보내고, 좋은 옷을 입히고, 좋은 음식을 먹이는 게 아닙니다. 교육 전문가들은 자녀교육에 있어 가장 중요한 것은 자녀들에게 모범을 보이는 것이라고 말합니다. 예를 들어 술주정뱅이 아버지 밑에서 자란 아이들은 전혀 술을 먹지 않거나 술고래가 됩니다. 후자의 경우는 자신도 아버지의 술버릇에서 벗어나지 못한다는 패배 의식이 있을 때 술주정은 유전됩니다.

자기 자식을 훌륭한 인재로 키우겠다고 생각한다면 늘 모범을 보여야 합니다. 우리나라 고등학생의 대학 진학률은 82%로, 일본(47%)에 비해 높습니다. 입시가 인생의 모든 것을 좌우하는 잘못된 입시 풍조에서 우리의 아이들은 목숨 걸고 공부합니다. 그러나 목표 없이 대학에 들어간 아이들은 명문 대학일지라도 그 경쟁 분위기를 견뎌내지 못하고 무너집니다.

명문 대학에 입학하는 것보다 중요한 것은 스스로 자신의 꿈을 찾을 수 있도록 하는 교육입니다. 이런 점에서 우리는 자녀들의 교육에 대하여 진지하게 생각해 볼 필요가 있습니다. 자녀들과의 대화를 통하여 그들이 원하는 것을 듣고 그 목표를 위해 무엇을 해야 하는지 함께 고민하는 자세가 중요합니다.

우리 주위에는 교양서적 한 권 읽지 않고 입시공부에만 매달리는 학생들이 허다합니다. 이렇게 입시교육에만 매달린 사람이 유익하고 값진 대학 생활을, 나아가 사회생활을 할 수 있을까요?

교황 요한 바오로 2세가 제3세계 지도자들이 모인 자리에서 말했습니다.

"서구의 국가들에서만 발전의 모델을 찾으려고 하지 마십시오. 그들은 만들 줄은 알지만 그 만든 것으로 어떻게 살아야 할지는 모릅니다. 그들은 지적으로 고도의 기술을 갖게 되었지만, 정작 자녀를 기르는 법은 잊어버린 사람들입니다."

자녀들을 올바르게 가르치는 것은 영재 교육이 아니라 하나님을 바로 볼 수 있는 진리를 가르치는 것입니다.

좋은 교육을 자손에게 남겨 주는 것은 유산 중 최고의 것이라고 칸트가 말한 것처럼, 인간은 교육의 산물이며 교육은 인간을 만듭니다. 인간은 교육을 통해서만 인간다운 인간이 됩니다. 교육은 인생의 근본이며 부모가 자식에게 물려줄 수 있는 최고의 가치입니다.

구세군의 어머니로 불리는 캐서린 부스 여사는 8남매를 모두 신앙인으로 훌륭하게 키웠습니다. 그녀는 자녀를 잘 키우는 비결에 대하여 이렇게 말했습니다.

"마귀가 나쁜 생각과 습관을 아이들에게 주기 전에 좋은 생각과 습관을 먼저 알려 주었습니다. 악한 생각과 감정이 그들을 지배하기 전에 아름다운 믿음을 지어 주었습니다."

게이츠 가의 열 가지 자녀 교육 방법

1. 큰돈을 물려주면 결코 창의적인 아이가 되지 못한다.
2. 부모가 나서서 아이의 인맥 네트워크를 넓혀 준다.
3. 단점을 보완해 주고 뜻이 통하는 친구를 사귄다.
4. 어릴 때 과학소설(또는 영화)을 많이 읽는다.
5. 어머니의 선물이 때로는 아이의 인생을 바꾼다.
6. 신문을 보며 세상 보는 안목과 관심 분야를 넓힌다.
7. 부잣집 아이라고 곱게 키우지 않는다.
8. 기회가 왔을 때 머뭇거리지 말고 과감하게 도전한다.

9. 어린 시절의 다양한 경험은 자라서 든든한 사업 밑천이 된다.

10. 부모가 자선에 앞장서면 아이들은 자연스럽게 본을 받는다.

스가랴는 14년이나 중단된 성전 건축을 다시 시작하도록 격려함에 있어 성경적인 환상을 등장시켜 여호와를 의지하여 견고케 하기 위함입니다.

내가 그들로 나 여호와를 의지하여 견고하게 하리니 그들이 내 이름으로 행하리라 나 여호와의 말이니라 (스가랴 10:12)

16

하나님 안에서
살아가기

| 때때로 방황하거나 힘든 상황에 처하더라도 하나님 품으로 돌아오라.

우리는 예수를 종종 잊어버리고 스스로의 의지와 노력으로 성공을 추구하곤 하지만, 결국 마지막 결과는 실패와 곤고함뿐입니다. 우리는 자신이 하고 싶은 일을 하나님이 도와주시리라는 착각으로 오랜 세월을 허비합니다. 그러고는 실패한 후에 '왜 나만 이런 고통을 당해야 하느냐' 며 불평하고 하소연하는 기도를 드리기도 합니다.

그럼에도 불구하고 하나님은 우리를 기억하십니다. 우리가 주님의 손을 놓을지라도 주님은 우리를 굳게 붙들고 넘어질 때마다 일으켜 세우십니다. 때때로 하나님을 부를 힘조차 없을 때에도 그분은 말없이 우리 마음의 기도를 듣고 두려움을 덜어 주십니다.

그런 하나님을 믿고 따른다면 아무것도 두려울 것이 없습니다. 하나님께서 보호하심을 알기 때문입니다. 하나님께서 유혹을 물리칠 강한 힘을 주시길 기도하며, 어떠한 무거운 짐도 나 혼자 지지 않겠다는 믿음을 키워나가려고 합니다. 주님의 사랑을 의심한 어리석음을 반성하고 나보다 남을 위해 기도하는 행복한 사람이 되어야 할 것입니다.

> 말라기는 하나님의 언약을 저버린 이스라엘 백성들에게 하나님의 언약을 기억하기 위함입니다.
>
> 그런즉 내게로 돌아오라 그리하면 나도 너희에게로 돌아가리라 (말라기 3:7)

Chapter 3

긍정으로
세상에서 승리하라

88 Things to Do Before Christians Die

인간은 누구나 복을 받기 위해 기도를 합니다. 물을 떠놓고 이상한 바위와 나무를 향해 기도를 하기도 합니다. 그러나 중요한 것은 누구에게 기도하느냐입니다. 공자는 "썩은 나무에는 조각할 수 없고 진흙 담에는 덧칠할 수 없다"고 말했습니다. 누구에게나 마음을 의지할 수는 있지만, 인간의 죄를 구원해줄 수 있는 분은 세상에 단 한 분입니다. 기도는 하나님을 신뢰하는 것이며 예수님과 한몸이 되었다는 것을 의미합니다. 혹시 기도의 응답이 없다고 포기하는 것은 믿음을 버리고 권능을 무시하는 처사입니다. 기다리고 또 기다리면 더 좋은 것으로 채워 주시는 분이 바로 하나님이십니다.

기도는 호흡이며 양식입니다. 하나님께서 채우시는 복으로 기적의 삶을 살고 싶다면 야베스 기도의 원리를 생각하십시오. 우리는 종종 하나님의 응답을 일상 속에서 듣습니다.

크리스천이 된다는 것은 예수 그리스도를 따르는 것입니다. 예수 그리스도는 모든 일 앞에서 기도하셨습니다. 하나님과의 친밀한 관계가 기도를 통해 이루어진다는 것을 보여 주셨습니다. 그러니 우리도 기도를 해야 합니다. 하나님은 우리의 간절한 기도를 원하십니다. 우리가 당신을 믿고 따르기를 지금 이 순간에도 바라십니다.

먼저 다른 이들의 행복을 위해 기도하세요. 그러면 이 세상의 운명은 우리들의 기도에 의해 만들어질 것입니다.

01

상처를
두려워하지 말라

넘어질 것을 두려워하지 않는 도전, 상처를 겁내지 않는 의지, 포기하지
않는 열정으로 내일을 향해 나아가라.

한때 잘 먹고 잘사는 웰빙이 화두였습니다. 지금은 상처를 치유하는 힐링이 대세입니다. 스님들의 저서가 베스트셀러 상위권에 올라가고, 힐링 여행, 힐링 푸드, 힐링 콘서트 등이 관심을 끌며, 젊은이들의 상처를 보듬어 준다는 멘토로 자처하는 사람들을 보면 일종의 유행 같기도 합니다.

하지만 자칫 잘못하면 자신이 상처받았다거나, 아무리 노력해도 성공할 수 없다는 나약한 자기합리화의 함정에 빠질 수 있을 경계해야 합니다. 다시 생각해 보기 바랍니다. 무엇에 상처받았고, 무엇을 치유해야 합니까?

1983년 노벨 물리학상을 수상한 미국의 우주 물리학자 찬드라세카르는 위스콘신 주에 있는 천체연구소에서 일하던 어느 날, 시카고 대학으로부터 겨울방학 동안 물리학 특강 요청을 받았습니다. 하지만 몇 주 뒤 학교 측으로부터 수강신청을 한 학생이 두 명뿐이어서 강의를 취소해야겠다는 연락을 받았습니다. 하지만 그는 학생 수가 중요한 것이 아니라며 기꺼이 특강을 하겠다는 뜻을 밝혔습니다.

그는 절대 수업을 빠뜨리지 않고 매주 두 번씩 눈보라 속에서 학교를 오가면서 학생들을 가르쳤습니다. 그로부터 10년 뒤 두 학생은 공동으로 노벨 물리학상을 수상했습니다. 그들은 찬드라세카르 박사에게 공을 돌렸습니다.

영국의 에드먼트 힐러리는 에베레스트 산 정상 등정에 도전했다가 그만 실패했습니다. 하지만 그는 용기를 잃지 않고 이렇게 말했다.

"에베레스트 산이여. 너는 자라지 못한다. 그러나 나는 자랄 것이다. 또한 나의 힘도, 나의 능력도, 나의 장비도 자랄 것이다. 나는 다시 돌아올 것이다. 기다려라. 나는 반드시 너의 정상에 오를 것이다."

그로부터 10년 후 힐러리는 다시 도전했고, 결국 세계 최초로 에베레스트 산을 정복한 사람이 되었습니다.

레티 그랜트라는 사람은 소아마비로 전신이 마비되어 죽지 못해 살고 있는 처지였습니다. 할 수 있는 것은 오로지 말하고 듣는 것뿐이었고, 자살하려고 해도 어린 딸 때문에 죽을 수도 없었습니다.

그녀는 자신이 유일하게 움직일 수 있는 발가락 하나로 무엇을 할 수 있을지 생각했습니다. 그러고는 전화국에 자신을 교환수로 취직시켜 줄 것을 요청했습니다.

그녀는 16년 동안 전화교환수로 일해서 딸을 대학에 보내고 은퇴했습니다. 그녀는 은퇴식에서 이 감동적인 소식을 들은 기자들에게 둘러싸여 마지막 소감을 말했습니다.

"나의 하나님, 참으로 좋으신 하나님."

그녀는 한때 저주스럽게 느껴지던 삶 속에서 부활의 주님을 만나 은혜 속에 일생을 살아간 것입니다.

넘어짐은 다시 일어설 때 도약이 되며, 역경은 다시 도전할 때 기회가 됩니다.

마태복음서는 유대교에서 개종하여 크리스천이 된 유대인 개종자를 위한 것으로 예수님이 바로 구약에 약속된 메시아이며 유대인 및 전 세계의 왕임을 알리는 것입니다.

내가 율법이나 선지자를 폐하러 온 줄로 생각하지 말라 폐하러 온 것이 아니요 완전하게 하려 함이라 (마태복음 5:17)

02

비전과 꿈을 공유하는 삶을
살아가기

> 젊어서 공부를 게을리 하지 않았다면 늙어서 고생을 덜 하게 된다. 생
> 각날 때마다 나의 비전과 꿈을 만들어 보자.

성경에 "묵시가 없으면 백성이 방자히 행한다"라는 말씀이 있습니다. 이 말씀은 꿈이 없으면 뚜렷한 목표가 없기에 아무렇게나 행동하다가 사라진다는 뜻입니다.

미국에서 행복한 결혼 생활을 누리고 있는 100쌍의 부부를 대상으로 그들 가정의 공통점을 연구한 발표가 있습니다. 그들이 성공적인 결혼 생활을 하게 된 핵심 요소들 중의 하나는 부부가 비전을 공유하고 있다는 점이었습니다.

처음 부부가 되었을 때는 사랑에 눈이 멀어 비전을 꺼내기가 쉽지 않습니다. 신혼 생활이 지나고 내일의 계획과 비전을 나눌 때 가정

의 미래는 달라집니다. 아끼고 저축해서 집을 장만하겠다는 작은 비전에서 시작해 이웃과 사회의 존경을 받으며 자녀를 훌륭하게 기르겠다는 등 서로 비전을 공유할 때 그 가정은 행복해지는 것입니다. 그러나 돈이 모든 것을 해결해 준다는 잘못된 생각과 바쁘다는 핑계로 서로의 생각을 나누지 않는다면 행복한 결혼 생활이 되기 어렵습니다.

비전이란 다른 사람들에게는 보이지 않는 것을 보게 하는 능력이요, 절망적인 환경에서 오히려 희망을 창출하여 나가는 깃발이요, 없는 길을 찾게 하는 지도의 역할입니다. 비전은 혀 끝에서 나오는 것이 아니라 영향력에서 나옵니다. 비전은 받을 때가 아니라 줄 때 빛이 나는 것입니다.

인간은 음식을 먹지 않고는 3주간 살 수 있고, 물을 마시지 않고는 3일을 견딜 수 있습니다. 하지만 희망이 없이는 단 3초도 살 수 없습니다.

비전과 목표는 우리가 올바른 방향으로 인도해 주는 가장 효과적인 방법입니다. 호아킴 데 포사다는 《피라니아 이야기》에서 "실패할 것을 두려워하지 말고 시작조차 하지 않는 것을 두려워하라"라고 말했습니다.

우리가 가진 것을 활용하지 않으면 그것마저 잃어버리게 됩니다. 비전과 꿈을 계속해서 가지십시오. 인간의 가치는 소유에 있는 것이 아니라 그 사람의 비전과 꿈의 크기에 달려 있습니다.

마가복음은 그리스도의 고난과 결국 사망권세를 이긴 예수님의 복음을 기록함으로써 로마로부터 고난당하는 이방인 성도를 위로합니다.

인자가 온 것은 섬김을 받으려 함이 아니라 도리어 섬기려 하고 자기 목숨을 많은 사람의 대속물로 주려 함이니라 (마가복음 10:45)

03

자신감으로
살기

> 크리스천의 사명은 두려움을 이기고 자신감으로 세상을 이기는 것이다.

    자신감은 학식이 높거나 재산이 많다고 저절로 생기는 것이 아닙니다. 교회에 다니면서 천국에 가기를 소망한다고 해서 두려움이 사라지는 것도 아닙니다. 자신감은 외부의 환경이 아닌 내면의 마음가짐에서 나옵니다. '나는 할 수 없어'라는 생각으로는 어떤 것도 이룰 수 없습니다.

    하나님을 경외하는 크리스천의 인생에서 두려움은 불필요합니다. 항상 정직하고 남에게 선을 베풀며 하나님께 순종하는 자에게는 두려움을 극복할 능력이 생깁니다. 그렇기 때문에 참된 크리스천은 두려움이 아닌 기쁨으로 종말을 맞을 수 있습니다. 이런 사람들에게 자신감이 샘솟는 것이 당연한 일입니다.

전설적 골퍼였던 보비 존스가 1925년 US오픈 대회에서 보여준 당당한 모습은 지금까지도 입에서 입으로 전해지고 있습니다. 보비 존스가 러프에서 공을 치려고 하다가 실수로 공을 조금 움직였습니다. 보는 사람도 없었기에 아무 일 없었던 것처럼 게임을 진행하면 아무도 몰랐을 상황이었습니다. 하지만 그는 스스로 공을 움직인 것을 인정하고 벌타를 받았습니다. 게다가 그 벌타 때문에 경기에서 아쉽게 지고 말았습니다.

골프는 분명 매너가 중요한 스포츠지만, 큰 상금을 포기하면서도 매너를 지킨 보비 존스의 놀라운 사건에 많은 기자들이 몰려와 이유를 물었습니다. 그는 제발 이 일을 기사로 쓰지 말라고 당부하면서 이렇게 말했습니다.

"거짓을 꾸미지 않은 내 행동을 칭찬한다면, 은행을 털지 않았다고 칭찬하는 것과 마찬가지가 아닙니까?"

보비 존스의 자신감은 그 당당함에서 나왔습니다. 이것이 진정한 크리스천의 자세인 것입니다.

누가복음은 이방인 성도들에게 구원의 도를 확신하게 하며 민족이나 신분 구별 없이 모든 민족에게 구세주 되시는 예수님을 전파하기 위함으로 예수님의 인성을 강조하고 유대 사회에 소외된 자들에 대한 예수님의 관심을 표출시킨 역사적 서술을 바탕으로 한 복음서입니다.

인자가 온 것은 잃어버린 자를 찾아 구원하려 함이니라 (누가복음 19:10)

04

세상을 보는
지혜 넓히기

> 행복의 사전적 의미가 생활의 안전과 기쁨을 느끼는 것이라면 지혜는
> 행복을 오래 지속적으로 만드는 것이다.

세계적인 부흥사 빌리 그레함 목사는 2001년 9·11 테러가 일어난
지 사흘 후, 대통령의 부탁을 받고 워싱턴 국립대성당에서 열리는
추모 예배에서 설교를 했습니다.

"저는 살면서 하나님은 왜 비극과 고통을 허락하느냐고 수없이 물
었습니다. 저는 아직 그 답을 알지 못합니다. 다만 하나님이 주권자
이시며 그분은 고난 가운데서도 사랑과 자비와 위로를 베푸신다는
것을 믿고 있습니다."

악이 살아 있는 것처럼 하나님도 살아 계십니다. 하나님은 우리의
고통을 그대로 방치하지 않으시고 같이 동참하십니다. 모순이나 궤

변이 아니라 하나님은 사랑이시며 능력이십니다.

> 내가 궁핍하므로 말하는 것이 아니니라 어떠한 형편에든지 나는 자족하
> 기를 배웠노니 나는 비천에 처할 줄도 알고 풍부에 처할 줄도 알아 모
> 든 일 곧 배부름과 배고픔과 풍부와 궁핍에도 처할 줄 아는 일체의 비
> 결을 배웠노라 내게 능력 주시는 자 안에서 내가 모든 것을 할 수 있느
> 니라 (빌립보서 4:11-13)

인간의 역사에서 가장 큰 고난은 그리스도께서 십자가에서 당하
신 고난입니다. 예수님은 십자가에 매달리시기 전에 이렇게 기도하
셨습니다.

> 조금 나아가사 얼굴을 땅에 대시고 엎드려 기도하여 이르시되 내 아버
> 지여 만일 할 만하시거든 이 잔을 내게서 지나가게 하옵소서 그러나 나
> 의 원대로 마시옵고 아버지의 원대로 하옵소서 하시고 (마태복음 26:39)

예수님께서는 인간의 더러운 생각과 행동을 용서받기 위해서 십
자가에 못 박히셨습니다. 예수님의 고난은 단순히 잔인하고, 고통스
럽게 죽어간 한 인간의 실패를 말하는 것이 아니라 영생의 가장 큰
전환점을 의미합니다. 우리는 죽음과 죽음 이후의 일에 대해 묵상하
는 습관이 필요합니다. 그리고 하나님의 은혜에 힘입어 세상을 보
고, 살아가는 지혜를 키우십시오.

자식이 군대 영장을 받는 순간 아버지는 가슴이 막힙니다. 군대 생활이 주는 고통과 괴로움이 그대로 아들에게 전해질까 하는 두려움 때문이지요. 지금이라도 아들 대신 군대에 갈 수 있다면 가고 싶은 심정입니다. 그러나 헤어지는 아쉬움 대신에 건강하게 군대에 갈 수 있도록 만드신 주님께 감사 기도를 해야 합니다. 모든 부모들이 간절히 바라는 것이 있다면 군대에 가서 세상의 지혜와 나라를 사랑하는 마음을 배우는 것입니다. 그리고 고난 속에서 하나님의 사랑을 깨닫는 용기 있는 아들로 거듭나는 것입니다.

어느 누구도 태어나면서부터 지혜롭지는 않습니다. 지혜를 얻기 위해 많은 수고와 노력을 할애하고 대가를 지불할 때 비로소 지혜로움의 눈을 뜨게 되는 것입니다. 악한 생각이나 이기심은 가르침 없이도 쉽게 배우지만 세상을 보는 지혜와 덕성은 좋은 스승의 가르침으로 얻어집니다. 우리의 가장 좋은 스승은 누구입니까?

크리스천이 되었다고 축복이 밀려오고 재물과 건강이 뒤따르는 것은 아닙니다. 그리고 물질적인 풍요로움이 우리에게 행복을 주는 것도 아닙니다. 오히려 크리스천의 삶 가운데 평탄하지 않은 경우도 있습니다. 이는 그리스도의 고난에 직접 동참한 결과입니다. 실망, 비극, 슬픔, 실패, 무능력, 질병의 고통을 참고 더 큰 영광을 얻기 위함입니다. 때때로 전혀 예상치 못한 순간에 환란과 기쁨이 닥칠 수도 많습니다. 이는 하나님이 우리와 함께 호흡하시고 간섭하시며 살아 계신다는 증거입니다.

요한복음은 예수님의 제자 사도 요한이 지은 것으로 당시 만연했던 영지주의(예수님의 신성과 성육신을 부인함)의 그릇된 논리를 반박하고, 예수님께서 신성과 인성을 동시에 가진 그리스도임을 믿게 하여 영생을 얻게 합니다

이는 그를 믿는 자마다 영생을 얻게 하려 하심이니라 (요한복음 3:15)

05

여행으로
자기반성의 길 찾기

| 늙은 후에 되돌아볼 추억이 없는 사람은 불행하다.

  살기도 어려운데 여행 타령을 한다고 핀잔하는 사람도 있을 줄 압니다. 하지만 여행은 시간과 돈이 많아서 하는 것이 아니라 시간을 아끼고 새로운 변화를 충전하기 위한 삶의 하나의 과정입니다. 여행은 떠나기 전의 기쁨은 물론이고 다녀와서도 다시 시작된 일상에 힘이 되어 줍니다. 여행은 시간과 공간을 바꿔 모든 것을 새롭게 생각하게 합니다. 지난 해 우리나라 해외 여행객 수는 1,100만 명에 이르렀다고 하니, 여행은 이제 더 이상 돈 있는 자들의 향유물이 아닙니다.

  여행은 생각의 산파라고도 합니다. 움직이는 차나 비행기에서 생각하면 멈추었던 사고가 깨어나는 것을 느끼기도 합니다. 삶의 진창에서 목만 내놓고 살았던 자기반성의 시간이 되기도 합니다. 소크라테스는 어디 출신이냐는 질문에 "나는 세계인입니다"라고 답했다고 합니다.

바쁘고 거친 생존 게임에 지친 사람에게 무엇이 가장 소중한 일일까요? 그것은 '자유'입니다. 그리고 자유를 위한 가장 효과적인 것이 여행입니다. 독일의 대문호 요한 볼프강 폰 괴테는 "여행은 도착하기 위해서가 아니라, 떠나기 위해서 간다"고 말했습니다. 또한 여행은 우리의 상상력을 자극하는 힘이 되기도 합니다.

우리는 젊었을 때 좋은 시간을 많이 만들고 나이가 들어 그 시간들을 추억합니다. 자녀들에게 여행의 추억을 남겨 주기 위해 여러 번 여행을 갔는데, 돌아보니 어느 한 군데 잊혀지지 않는 곳이 없습니다. 죽기 전에 터키의 이스탄불, 예루살렘, 그리스, 아프리카 등에 꼭 가고 싶습니다. 세상의 소소한 일을 내려놓고 느긋하게 여행을 가고 싶습니다. 우리의 일상은 순례자의 길이기도 합니다. 창조주가 주신 오래된 속삭임을 듣고 싶습니다. 인생의 무게를 여행과 함께 느낄 수 있다면 어떤 여행인들 좋지 않을까요?

그러나 진정 아름다운 여행은 목적지가 있어야 합니다. 또한 동행자가 있을 때 진가를 발휘합니다. 예수님을 우리의 파트너로 삼는 여행이야 말로 진짜 여행입니다.

예수님은 30세까지 목수 일을 했고 이것을 바탕으로 한 단계 나아가 천국의 집을 짓는 일도 하셨습니다. 성공적인 삶을 살기 위해서는 다음 세 가지 질문에 대한 진실한 대답이 있어야 할 것입니다.

첫째, 나는 어떤 종류의 사람이 되어야 합니까?

둘째, 나는 종국에 무엇을 남기고 싶습니까?

셋째, 삶의 의미를 알기 위해 무엇을 하였습니까?

완벽한 삶은 있을 수 없습니다. 수확을 기대하며 하루하루 씨를 뿌리고 기다리는 농부처럼 여유 있는 삶의 여행을 즐겨야겠습니다. 잠자리에 들 때 다음 날 일어날 것을 즐거워하는 자야말로 행복한 존재입니다. 또 죽어서 자신이 가야 할 천국이 있다는 것을 아는 자야말로 인생을 멋지게 사는 자입니다. 매력적인 사람은 인생을 두려워하지 않고 늘 넓은 세상을 바라보면서 과거와 미래를 넘나듭니다.

사도행전은 바울이 로마로 호송되었을 때 머물렀던 의사 누가가 지은 것으로 로마에 만연되었던 미신과 다신교에 대하여 기독교를 변증하고 성령의 강림과 사역을 증거하는 말씀입니다.

오직 성령이 너희에게 임하시면 너희가 권능을 받고 예루살렘과 온 유대와 사마리아와 땅 끝까지 이르러 내 증인이 되리라 (사도행전 1:8)

06

올바른 인간관계로
성공하기

> 겸손이란 비굴하게 자신을 낮추는 것이 아니라 자신을 높여 주는 인관
> 관계의 시발점이다.

무디 선생이 탄광촌을 방문해 설교를 했을 때 어느 광부가 찾아와 이렇게 말했습니다.

"선생님의 말대로 구원이 공짜라면 세상 이치에 맞지 않습니다. 아무리 작은 일에도 공짜가 없는데 구원이 공짜라는 것이 믿겨지지 않습니다."

그의 말을 들은 무디 선생은 반문을 합니다.

"당신은 오늘 탄광 속 깊이 들어가셨지요?"

"네, 수십 미터 이상 들어갔습니다."

"그렇다면 깊은 땅 속으로 어떻게 들어갔습니까?"

"승강기를 타고 내려갔지요."

"그렇군요. 그런데 승강기를 탈 때 당신은 돈을 냈습니까?"

"나는 회사에서 설치한 것을 공짜로 이용합니다."

무디 선생은 광부의 대답을 듣고는 단호하게 말했습니다.

"그렇습니다. 당신이 버튼을 눌러 승강기를 타듯이 하나님이 우리를 위해 이미 대가를 지불하셨기에 오직 예수님만 믿으면 됩니다."

죽기 전에 하나님과의 관계를 어떻게 정립하느냐가 성공자인가 실패자인가를 결정하는 가장 중요한 요인이 됩니다. 이러한 관계란 부모 자식 간의 사랑, 음식을 만드는 사람과 먹는 사람 간의 신뢰감, 비행기 조정사와 승객 간의 믿음보다 크고 광대한 보혈의 의미를 지나 하나님 곁으로 가는 믿음의 순례인 것입니다.

인간관계를 잘하기 위해서는 어떻게 해야 할까요?

첫째, 입의 방문을 잘하는 것입니다. 의욕을 불러일으키고 사람의 마음을 부드럽게 하는 공손한 말입니다. 칭찬하면 고래도 춤을 추고 펭귄도 날 수 있습니다. 인간은 이것보다 더 놀라운 일을 만들 수 있습니다.

둘째, 손의 수고를 하는 것입니다. 방문 편지나 문자 메시지를 쓰는 등 작은 실천을 하는 것입니다. 좋은 내용의 이메일을 보내거나 남이 하기 싫어하는 것들을 찾아서 봉사하는 것입니다.

셋째, 발의 방문을 잘하는 것입니다. 어려울 때 직접 찾아가서 위로해 주고 상대방의 이야기를 잘 들어주는 것입니다. 병원이나 상갓집을 찾아가는 것은 최고의 세일즈가 됩니다.

넷째, 인생의 메아리 역할을 하는 것입니다. 우리가 다른 사람을 대접하면 언젠가는 반드시 돌려받게 되어 있습니다.

우리는 인간관계를 휴화산에 비유합니다. 휴화산이 언제 다시 활화산이 될지는 아무도 모르기 때문에 평소에 좋은 관계와 인상을 남겨야 합니다.

제프리 이멜트 GE 회장이 말하는 관계의 중요성

1. 자신의 책임을 다해야 합니다. 개인의 자유보다 책임을 중요하게 여기는 시대가 되었습니다. 자신보다는 조직을 만들고 타인을 우선 생각해야 합니다.

2. 끊임없이 단순화하십시오. 어떤 조직에서든 리더는 자기 조직에서 가장 중요한 것이 무엇인지 명확히 설정해야 합니다.

3. 통찰력을 가져야 합니다. 리더는 자신의 회사가 세상의 변화에 제대로 적응하고 있는지 늘 확인해야 합니다.

4. 시간 관리가 중요합니다. 리더는 일의 우선순위를 정하고, 결과를 측정하고, 결과를 평가하는 시간을 가져야 합니다.

5. 끊임없이 배우고 어떻게 가르쳐야 하는지 교수법을 익히십시오. 리더가 해야 할 일 중에서 가장 중요한 것은 가르치는 일입니다. 조직원의 의견과 리더의 의견이 같아야 할 필요는 없습니다. 다만 리더가 배운 깃을 조직원늘에게 나누어 주고 이해시키고 따라올 수 있게 해야 합니다.

6. 자기 스타일을 가지십시오. 리더십이란 자신의 내면을 향한

강도 높은 여행입니다. 리더는 자신을 잘 표현할 줄 알아야 합니다.

7. 조직에 리더십 원칙을 제시해야 합니다. 리더는 조직원에게 나름의 리더십 원칙을 제시해야 합니다.

8. 리더는 늘 조직의 사정을 파악하고 있어야 합니다. 델 컴퓨터의 회장 마이클 델은 싱가포르에서 어제 선적된 컴퓨터 대수를 말할 수 있을 정도로 회사일에 정통했습니다.

9. 말하지 않는 것도 몇 가지 남겨 두어야 합니다. 리더는 해답을 알고 있더라도 가끔씩 조직원들이 스스로 답을 찾게 해야 합니다. 때로는 적극적으로 경청하는 것이 리더가 열변을 토하며 회의를 끝내는 것보다 훨씬 효과적입니다.

10. 누구나 공정하게 대해야 합니다. 회사를 그만두는 가장 큰 이유 중에 하나가 상사와의 불화입니다. 감정이란 미묘해서 대부분 직장인들은 상사가 마음에 들지 않거나, 강압적인 지시를 하면 제대로 일하지 않는 경향이 있습니다. 따라서 회사의 경영 효율을 높이기 위해서 상사는 부하직원을 이해하고 공정하게 대하며 자발적 존중을 이끄는 좋은 인간관계를 유지해야 합니다.

로마서는 바울이 쓴 것으로 올바른 구원의 교리를 확증함으로써 로마교회 및 그릇된 구원관을 가진 유대인의 신앙을 바르게 하며 기독교를 체계적이고 논리적으로 다루었습니다.

복음에는 하나님의 의가 나타나서 믿음으로 믿음에 이르게 하나니 기록된 바 오직 의인은 믿음으로 말미암아 살리라 함과 같으니라 (로마서 1 : 17)

07

고정관념 버리기

> 우리 삶이 괴로운 것은 고정관념 때문이다. 고정관념을 깨라! 보다 넓
> 고 새로운 세계가 우리를 반길 것이다.

제2차 세계대전 중에 한 여인과 펜팔을 하며 사랑을 키웠던 군인
이 제대를 했습니다. 그는 두근거리는 마음으로 여인을 만나러 갔습
니다. 그러나 그녀의 못생기고 뚱뚱한 모습에 크게 실망을 했습니
다. 그 순간 모른 척하고 지나가고 싶은 마음도 있었지만 양심이 허
락지 않았습니다. 그는 그녀에게 자신이 펜팔 친구라고 말했습니다.
그러자 잠시 후 젊고 아름다운 여자가 다가와 사실 자신이 펜팔 친
구라고 했습니다. 여자는 그를 시험에 보기 위해 일부러 다른 여자
에게 부탁을 했던 것입니다.

아이가 장난을 치다가 그만 깊은 독 속에 빠졌습니다. 갑자기 독 속에 빠진 아이는 허둥지둥 살려 달라고 소리쳤지만 옆에 있던 어른들은 어찌할 바를 몰랐습니다. 이때 침착하게 생긴 한 아이가 큰 돌을 가지고 와서는 독을 향해 던졌습니다. 독이 깨져 물이 쏟아졌고 아이는 무사히 나올 수 있었습니다.

우리는 이 예화들을 통해 고정관념이 우리의 생각을 얼마나 방해하는지 알 수 있습니다.

스티븐 호킹은 그의 저서 《시간의 역사》를 다음과 같은 말로 끝을 맺었습니다.

"이제 우주의 존재 이유만 알아낸다면, 우리는 하나님의 마음을 알게 될 것이다."

그렇다면 우리가 존재하는 목적은 무엇일까요. 수년 전부터 유명 연예인들의 자살 소식을 자주 접하게 되었습니다. 모든 사람들이 그렇게 바라던 돈과 명예도 인간의 구원자가 될 수 없다는 것을 새삼 느끼게 되었습니다. 직장을 못 구해서 자살하는 사람, 가난 때문에 인생을 포기하는 사람에게 그리스도의 말씀이 있었다면 어리석은 일이 일어나지 않았을 텐데 하는 아쉬움이 남습니다.

누구에게나 고난은 있습니다. 그 고난을 이겨내는 방법이 더 이상 없다고 생각하지 마십시오. 신앙을 근본으로 삼았다면 고난도 성숙함의 발로가 되며 온전한 분별력을 키울 수 있는 계기가 됩니다.

우리네 인생을 한 편의 연극에 비유합니다. 일정 시간이 지나면 무대 위에 배우들이 사라지듯이 세상도 현존하는 사람들의 영원한 소유가 될 수 없습니다. 오직 맡겨진 역할을 충실히 하고 천국에 가는 소망을 가진 순례자일 뿐입니다.

우리는 고정관념을 깨야 합니다. 죽은 자의 몸은 경직되어 있습니다. 경직된 사고로는 어떤 것도 이룰 수 없습니다.

고린도전서는 고린도 교회에 발생한 문제들을 복음으로 바로 해석해 주며 크리스천들의 실생활에 관련된 제반 문제들을 다룬 생활지침서입니다.

그러므로 내가 너희에게 권하노니 너희는 나를 본받는 자가 되라 (고린도전서 4:16)

08

관용으로
비판하기

> 개는 불만을 쉽게 잊어버리고 환경을 탓하지 않지만, 인간은 행복을 너
> 무 쉽게 잊어버린다.

무심코 내뱉은 3초의 말이 30년 동안 지속되기도 합니다. 좋은 말을 배우는 데는 30년이 걸리지만 나쁜 말은 3초 안에 배울 수 있습니다. 말을 할 때 조심해야 하는 이유는 때로 말이 운명을 결정하기 때문입니다. 행동은 습관을 낳고 습관은 성격이 되며 성격은 말을 지배하여 자신의 운명을 바꿔 놓기 때문입니다.

다른 사람을 비판하면 상대방은 대개 등을 돌려 버립니다. 따라서 다른 사람의 단점을 고치겠다는 생각은 금물입니다. 지혜로운 사람은 행동으로 말을 증명하지만 어리석은 사람은 말로써 행위를 변명합니다. 승자는 눈을 밟고 길을 만드는데 패자는 눈이 녹기만을 기

다립니다. 현명한 사람은 적에게도 많은 것을 배우려고 노력하지만 우둔한 사람은 자신의 것도 제대로 표현하지 못합니다.

젊은 시절, 대인관계가 아주 서툴렀던 벤자민 프랭클린은 외교적인 기술을 몸에 익혀 미국의 대통령이 되었습니다. 그의 성공 비결은 남을 험담하지 않고 장점만 골라 칭찬하는 것입니다. 다른 이들을 이해하고 관용할 때 다른 사람이 내 편이 됩니다.

이해는 용서에서 출발합니다. 영국의 작가 닥터 존슨은 "하나님도 사람을 심판하기 위해서 그 사람이 죽을 때까지 기다린다"라고 말했습니다. 하나님께서도 인간을 인내하시니 우리도 이웃을 쉽게 판단해서는 안 됩니다.

고린도후서는 바울의 개인적 경험을 중심으로 사역자들의 바른 자세와 교사들의 가르침에 대하여 쓴 자료입니다.

주는 영이시니 주의 영이 계신 곳에는 자유가 있느니라 (고린도후서 3:17)

09

실수도 보듬어 주는
진정한 사랑을 실천하라

함께 도우면 모두가 살 수 있지만, 나만 살겠다고 하면 모두가 죽게 된다.

빈센트 반 고흐는 천재적인 화가였고 아름다운 영혼을 가지고 있었습니다. 하지만 그는 매우 못생겼기 때문에 아무도 그를 좋아하지 않았습니다. 그를 보았던 사람들은 그와 함께 있다는 것조차도 꺼렸습니다. 누구에게나 사랑받지 못했던 그는 외로움을 견딜 수 없어서 어느 날 매춘부에게 가 부탁을 합니다.

"지금까지 살면서 누구도 나를 좋아하지 않았어. 더구나 잘 생겼다거나 멋있다는 말은 구경도 못했지. 그런데 오늘 나는 그 말을 꼭 듣고 싶어."

말이 떨어지자마자 매춘부는 억지로 그의 외모에서 장점을 찾아보기 시작했습니다. 객관적으로 볼 때 잘생긴 부분을 찾기가 어려웠습니다. 얼굴은 물론 코, 눈, 입 어느 하나 균형 잡혀 있지 않았습니다. 그래도 꼭 고르라면 귀는 그런대로 잘생긴 편이었습니다. 드디어 그녀는 고흐를 보며 "하지만 당신의 귀는 잘 생겼네요"라고 말하며 그의 귀를 쓰다듬었습니다.

그는 처음 듣는 칭찬이라 너무도 기뻤습니다. 그는 곧바로 집으로 돌아왔습니다. 그리고는 자신의 귀를 잘랐습니다. 그리고는 그녀에게 피가 흐르고 있는 귀를 내밀며 말했습니다.

"네가 내 귀를 좋아하니 이제 내 귀는 네 거야."

정신질환을 앓고 있던 고흐는 그만큼 칭찬에 목말라 있었던 것입니다.

성경은 각자의 가치를 높이 평가하게 만듭니다. 아무리 자신의 모습이 보잘것없어 보여도 하나님은 우리를 귀하게 여기십니다. 성경은 원수까지도 사랑하라고 하셨습니다. 인간은 살면서 자기중심적으로 생각하고 행동하도록 길러졌습니다. 인생이 하나님의 영광을 비추는 거울로서 사명을 다하기 위해서는 다른 사람의 허물을 감싸 주어야 합니다.

사랑받지 못한다는 것은 참으로 비극적인 일입니다. 사람은 누군가에게 칭찬을 받거나 사랑을 받으며 살도록 운명 지어진 존재입니다. 사랑할 사람이 없다는 것은 안타까운 일입니다. 우리는 사랑 때문에 살기도 하고, 사랑 때문에 죽기도 합니다. 내가 진심으로 누군가를 사랑해 준다면 나는 그에게 삶의 용기를 주는 것입니다. 진정한 사랑을 이루었다면 얼굴의 모습보다 인격의 향기를 맛볼 수 있습니다.

어느 화가가 알렉산더 대왕의 초상화를 그리라는 명령을 받았습니다. 화가는 곧바로 고민에 빠졌습니다. 대왕의 이마에는 추한 상처가 있기 때문이지요. 화가는 대왕의 상처를 그대로 화폭에 담고 싶지 않았습니다. 대왕의 자랑스러움에 손상을 입히고 싶지 않았기 때문입니다. 그렇다고 상처를 그리지 않으면 진실한 초상화가 되지 못해 화가로서의 신망이 떨어지는 처지가 됩니다. 오랜 고민 끝에 대왕이 이마에 손을 대고 쉬고 있는 모습을 그렸습니다.

당신은 다른 사람의 상처나 허물을 덮어 주려고 노력합니까? 크리스천이라면 다른 사람의 허물을 덮어 주고, 실수도 웃으며 다독여 주는 사람이 아닐까요?

갈라디아서는 개종한 이방인들의 율법 준수에 대한 해결책을 제시하고 율법에서 벗어나 은혜의 자유를 누릴 것을 역설하기 위해 씌어졌다.

사람이 의롭게 되는 것은 율법의 행위로 말미암음이 아니요 오직 예수 그리스도를 믿음으로 말미암는 줄 알므로 우리도 그리스도 예수를 믿나니 이는 우리가 율법의 행위로써가 아니고 그리스도를 믿음으로써 의롭다 함을 얻으려 함이라 율법의 행위로써는 의롭다 함을 얻을 육체가 없느니라 (갈라디아서 2:16)

10

목적이 이끄는 대로
살아가기

> 예수님이 나를 위해 존재하듯이 나 역시 하나님의 영광과 기쁨을 위해
> 살아간다.

미국에서 이색적인 연구를 한 적이 있습니다. 어느 일류 대학 재
학생들을 대상으로 그들이 가진 꿈과 목표를 조사하고 실제 그들이
졸업한 후 모습을 비교해 보았습니다. 그 결과, 분명한 목표를 가졌
던 사람들이 그렇지 않은 사람들보다 재력은 물론 사회적으로도 높
은 위치에 있었습니다.

세상에는 두 가지 부류의 사람이 있습니다. 분명한 목표를 가지고
그것을 실천하고자 끊임없이 노력하고, 준비하며, 자신의 삶을 개척
해 나가는 사람과 특별한 목표 없이 상황에 따라 세상이 던져 주는
기준에 맞추어 바쁘게만 사는 사람입니다.

목적이란 비전과 꿈이며, 뜨거운 열정이며, 위기를 기회로 바꾸는 힘을 가지고 있습니다. 사도 바울, 처칠, 마틴 루터 킹, 토머스 에디슨, 헨리 포드, C. S. 루이스, 테레사 수녀, 김구 등 우리가 영웅이라 칭하는 사람들은 모두 각각 목적을 위해, 나아가 다른 이들에게 용기와 포부를 심어 주기 위해 끊임없이 노력하고, 도전하는 삶을 살았습니다.

성경 속 인물 가운데 요셉은 아버지 야곱의 사랑을 독차지했으며 이를 시샘한 형제들에 의해 노예로 팔려 갔습니다. 그럼에도 불구하고 원망과 좌절로 인생을 포기하지 않았으며 분명하고 변치 않는 목적을 가지고 있었기에 이집트의 총리대신이 되는 영광까지 누리게 된 것입니다. 그리고 하나님에 대한 절대적인 순종이 그의 가족과 민족을 기근과 죽음으로부터 구한 것입니다.

성공을 하려면 그릇을 키워야 합니다. 물론 큰 그릇은 분명한 목적이 전제되어야 하며 이러한 목적은 노력과 열정이 더해질 때 더 큰 힘을 발휘하게 됩니다. 누구나 처음부터 목적을 아는 것은 아닙니다. 또 나이가 든다고 해서 저절로 생기는 것도 아닙니다. 우리 삶에 있는 목적을 찾아내는 수고와 함께 실천하는 용기가 필요합니다.

당신의 목적은 무엇입니까? 저는 사람들에게 사랑과 축복을 전하는 통로가 되었으면 합니다. 애플 사의 스티브 잡스는 컴퓨터를 대중들이 쉽게 즐길 수 있도록 만드는 것을 사명으로 삼았습니다. 또 마이크로소프트 사의 빌 게이츠는 집집마다 자사 제품의 소프트웨어로 작동되는 컴퓨터가 놓인 세상을 그렸습니다.

오늘날 젊은이들이 직장 선택에 가장 어려움을 겪고 있습니다. 직장은 삶의 목적에 중요한 역할을 합니다. 기독교 정신으로 설립 된 거창 고등학교의 직업 선택 십계명을 통해 하나님이 주신 목적에 걸맞는 일을 찾아봅시다.

1. 월급이 적은 쪽을 택하라.
2. 내가 원하는 곳이 아니라, 나를 필요로 하는 곳을 택하라.
3. 승진의 기회가 거의 없는 곳을 택하라.
4. 모든 조건이 갖추어진 곳은 피하고, 황무지를 택하라.
5. 앞을 다투어 모여드는 곳에는 절대 가지 마라. 아무도 가지 않는 곳으로 가라.
6. 장래성이 전혀 없다고 생각하는 곳으로 가라.
7. 사회적 존경 같은 것을 바라볼 수 없는 곳으로 가라.
8. 한가운데가 아니라 가장자리로 가라.
9. 부모나 아내가, 약혼자가 결사반대를 하는 것이면 틀림없다. 의심치 마라.
10. 왕관이 아니라 단두대가 기다리고 있는 곳으로 가라.

왜 많은 사람들은 자신이 세우고 만든 목표를 쉽게 잃어버리는 것일까요? 하나님에 대한 신뢰가 확고하지 못한 채 살아가기 때문입니다. 보통 사람은 위인들의 결정이나 어리석은 행동을 구별할 수 없지만 크리스천은 시대를 분별하고 잠자고 있는 능력을 깨울 수 있어야 합니다. 모쪼록 우리 삶의 목적이 분명해지고 하나님이 원하시는 방향으로 가도록 늘 깨어 있기를 바랍니다.

에베소서는 에베소 교회 내의 유대인과 이방인의 분열을 방지하고 교회의 머리이신 예수님을 증거하여 교회와 성도의 연합을 권면하기 위해 쓴 글입니다.

평안의 매는 줄로 성령이 하나 되게 하신 것을 힘써 지키라 (에베소서 4:3)

11

두려움 극복하기

| 두려움을 떨치고 꿈과 희망을 선택하라.

　나치 독일 수용소의 지하 감옥에는 손톱으로 그린 '다윗의 별' 이라는 그림이 있습니다. 이 그림에는 다음과 같은 글이 새겨져 있었다고 합니다.

　"비록 태양이 우리에게 비춰오지 않지만 저기 태양이 있는 것을 믿노라. 비록 사랑이 내게 느껴지지 않지만 저기 진실한 사랑이 있는 것을 믿노라. 비록 하나님이 침묵 가운데 계시지만 나는 하나님이 살아 계심을 믿노라."

　세상이 주는 시시한 두려움을 이기고 마음껏 예수 그리스도를 찬양하는 삶, 그것이 크리스천의 삶입니다. 예수 그리스도를 통하지 않고는 하나님을 알지 못하며 우리 자신조차도 알 수 없다는 파스칼의 말처럼 예수 그리스도를 통해서만 진리와 세상을 알게 됩니다.

대부분의 사람들은 행복을 쾌락이나 성취로 보지만 크리스천은 자신을 포기하고 예수님을 섬기는 것이라 여깁니다. 하늘에 태양이 하나인 것처럼 용기와 두려움도 서로 공존할 수 없습니다. 가장 용기 있는 행동은 가장 두려운 순간에 나타납니다. 용기 없는 사람은 역경에 처했을 때 좌절하지만 용기 있는 사람은 더욱 힘을 냅니다.

성경 속에는 많은 영웅들이 있습니다. 그들도 우리와 마찬가지로 두려움이 있었지만 용기를 가지고 두려움을 극복했습니다. 많은 비난 속에서 지은 노아의 방주, 고래 속에 들어가는 요나의 어려움, 예수님과 빌라도의 논쟁 등처럼 우리도 살아가면서 많은 어려움을 겪습니다. 두려움은 누구에게나 공평하기 때문에 하나님의 일꾼답게 용기를 갖게 해 달라고 기도해야 합니다.

용기를 갖지 못하는 것은 실패에 대한 두려움 때문입니다. 그러나 이러한 두려움을 극복하는 가장 확실한 방법은 실패의 가치를 인정하고 자신의 신념을 굽히지 않는 것입니다.

두려움 속에서도 행동하라

두려움은 당신의 끊임없는 노력을 이기지 못합니다. 두려움과 용기의 갈림길에서 당당하게 모험을 택하십시오. 우리의 적은 외부에 있는 것이 아닙니다. 용기란 두려움이 없다는 것이 아니라 두려움 속에서도 행동할 수 있는 결단력입니다. 용기 있는 행동은 또 다른 용기 있는 행동을 낳습니다. 자기 마음대로 자신의 삶의 주인 역할을 할 수 있다는 어리석음에서 벗어나 하나님을 주인으로, 그분 안에서 두려움 없이 행복한 삶을 꿈꾸어 봅시다.

빌립보서는 로마에 투옥된 바울의 고난에 동참하기 위해 보내 준 빌립보 교인들의 헌금에 감사하며 그들에게 고난과 박해 속에서도 기쁨으로 신앙을 가지고 율법을 지킬 것을 권면하는 성도의 윤리적인 자세와 영적 성장을 도모하기 위한 사도 바울의 글입니다.

주 안에서 항상 기뻐하라 내가 다시 말하노니 기뻐하라 (빌립보서 4 : 4)

12

포기하지 않기

> 모든 사람들에게는 보이지 않는 상처가 있다. 고난의 저 편에 있는 주님이 주실 축복을 바라보면서 인생을 즐기리라.

인생을 마감한다는 생각을 하면 좀 더 생각하고, 도전하고, 하고 싶은 일을 열심히 하지 못한 것에 대해 아쉬움이 많이 남습니다. 마틴 루터 킹은 인생에는 4가지 종류가 있다고 말했습니다.

첫째, 어쩔 수 없이 사는 부류로 죽지 못해 산다는 말을 함부로 하는 부정적인 사람입니다.

둘째, 보상만 바라면서 사는 사람들입니다. 이들은 대가가 없으면 일을 하지 않는 계산적인 사람입니다. 이들은 스스로가 만들어 놓은 보상 그물에 갇혀서 답답하게 삽니다.

셋째, 자신만을 위해 사는 사람들입니다. 이들은 자신이 완벽하다고 생각하기 때문에 고독합니다. 특히 우월적이고, 남을 의식하고, 비교하기 좋아합니다. 한 다리로만 살아가려는 어리석은 존재입니다.

넷째, 평안과 사랑을 추구하면서 더불어 사는 사람들입니다. 크리스천다운 삶이란 그리스도께서 우리를 사랑하신 것처럼 서로 사랑하며 살아가는 삶을 말합니다. 또 세상의 어두운 곳을 밝히는 빛과 소금의 역할을 하는 것입니다.

혹시 인생의 즐거움을 포기한 적은 없습니까?

인텔의 CTO(최고 기술책임자)를 역임했던 팻 겔싱어는 가난한 이민 농부의 아들로 태어나 전문대를 졸업하고 인텔에서 초고속으로 승진을 했습니다. 하루 20시간을 꼬박 연구에 몰두하면서도 하나님을 섬기는 일을 게을리 하지 않았습니다. 그는 삶의 목표를 정하고 자신보다는 주변 사람들이 잘 되도록 힘쓰며 그 모든 영광을 하나님께 돌리는 것이 성공의 비결이라고 말했습니다.

우리는 왜 그리 바쁘고 힘들게 살아가고 있습니까? 남보다 빠른 출세의 끈을 잡고 남들에게 부를 과시하고, 자녀를 일류 대학에 보내야 부모의 역할을 다하는 것인 양 세속적인 성공을 위해 허둥대고 있지는 않은지요? 일의 노예가 되어 다음 일만 생각하다가 죽는다면 얼마나 속상할까요? 속도와 높이의 경쟁에서 벗어나 균형과 넉넉함, 평화와 안식이 있는 삶의 유토피아로 가는 길은 그리 어려운 일이 아닙니다. 당신의 욕심을 조금만 덜어 내면 됩니다.

마이크로소프트 사에서는 중견 사원을 뽑을 때 실패를 모르고 줄 곧 승승가도를 달려온 사람은 뽑지 않는다고 합니다. 그만큼 실패의 경험을 중시하는 것이겠지요?

성공의 개념은 사람마다 다를 수 있습니다. 사람들이 성공하지 못 하는 이유는 그 방법을 찾는 데 서툴고, 자신의 능력을 미처 발견하 지 못한 채 쉽게 포기해 버렸기 때문입니다. 비관론자는 기회 속에 서 고난을 보지만 낙관론자는 고난 속에서 기회를 봅니다. 어둠이 빛을 이긴 적은 없습니다. 아무리 어려운 일일지라도 진짜 자신의 인생을 성공으로 살고 싶다면 절대로 포기하지 마십시오.

누구라도 샤워를 하다가 아이디어가 떠오를 수 있지만 샤워를 마 친 후에 실천에 옮기는 사람은 드뭅니다. 해보지도 않고 포기하는 것은 비겁자의 자세입니다.

'변화'라는 의미의 'change'에서 한 글자만 바꾸면 '기회'를 말하는 'chance'가 됩니다. '어디에도' 없는 것을 말하는 'nowhere'를 한 번 띄어 쓰면 '지금 여기'를 말하는 'now here' 가 됩니다.

실패란 성공과 마찬가지로 습관입니다. 자신의 삶의 주인으로 인 생을 뜨겁게 살고 싶다면 포기하지 말고 계속 전진하십시오. 절대 포기하지 마십시오.

골로새서는 동방 문화와 빈번한 접촉으로 신비주의나 율법주의, 그리스의 철학적 종교 때문에 혼란스러워 하는 교인들에게 기독교의 참 신앙과 진리를 알려 주고 승리의 삶을 살도록 깨어 있는 기도할 것을 요청합니다.

기도를 계속하고 기도에 감사함으로 깨어 있으라 (골로새서 4:2)

13

성공하는 습관으로
살아가기

> 변화는 누구에게나 공평하게 다가온다. 변화는 성공을 위한 필수 교과
> 서다.

현대 의학의 발달로 인간의 평균 수명이 늘어남에 따라 오래 사는 것이 가장 큰 노후 리스크가 되었습니다. 이전에는 대부분 사람들이 어렵게 살았고 또 능력에도 큰 차이 없이 직장에서 정년퇴직하는 것이 관례였습니다. 삶이 다할 때까지 일하다 정년을 맞기 때문에 별도의 노후 관리라는 것이 필요 없었습니다. 그러나 지금은 '9988234' (99세까지 팔팔하게 살다가 2~3일만 잠깐 아프다 죽는 것)라는 말에서도 알 수 있듯 80세가 되어야 비로소 노인 대접을 받습니다. 삶이라는 긴 여행이 보람되도록 작은 사랑을 베풀며 살아야 합니다. 멋진 인생을 위해 끊임없는 연습과 훈련이 수반되어야 합니다.

크리스천들도 다른 사람들처럼 똑같이 고통당하고, 죄를 짓고, 실망합니다. 그러나 이성을 넘어 영성을 찾아 믿음의 삶, 봉사하는 삶, 행복한 삶을 살아야 할 의무가 있습니다. 예수님은 우리에게 이렇게 말씀하십니다.

"아무것도 염려하지 말고 구하라, 그리하면 내가 모든 것을 다 들어주리라."

혹시 '나는 가진 것이 없는데 봉사를 할 수 있을까?'라는 생각을 하십니까? "내 처지가 더 나아지면 나중에 하지" 하고 말합니까? 그러나 하나님이 우리를 쓰고자 선택하심은 완벽한 능력과 재물이 아니라 순전한 정성, 온전한 헌신입니다. 때로는 우리의 약함이 오히려 능력의 불쏘시개로 사용됩니다. 주님과 동행하면 혹시 몸이 지치더라도 정신적으로 더 큰 즐거움을 맞는 기적을 체험할 것입니다.

스티븐 코비가 쓴 《성공하는 사람들의 7가지 습관》이란 책은 세계적인 베스트셀러 중 하나입니다. 이 책에서 성공하는 사람들의 중요한 습관 중 첫 번째가 주도적이라는 것입니다. 이것은 남 앞에서 설치라는 것이 아니라 변화에 잘 적응하라는 것입니다. 안정은 죽음을 뜻하며 혼란과 불확실성 때로는 재난에서도 변화를 리드해야 하는 것입니다.

또 하나의 중요한 습관은 상호간의 이익을 추구하는 상생의 정신입니다. 성공하는 사람들은 함께 이기는 윈윈 게임을 합니다. 그래서 코비는 나만이 승자가 되겠다고 상대방을 넘어뜨리는 제로섬 게임이 아닌 상생의 습관을 강조합니다.

이러한 마음가짐은 하루아침에 얻어지는 것이 아닙니다. 세상의 재물을 얻고 세속적인 야망을 이뤄도 허무하지 않은 인생이란 없습니다. 헛된 것을 깨닫고 십자가의 생활을 축복의 메가폰으로 알고 오늘의 고난의 삶을 극복하는 자세가 필요합니다.

학습은 어린 시절에 배우는 것이 훨씬 효과가 크다고 합니다. 자녀들에게 재물을 남기려 하기보다 위대한 신앙과 바른 본을 남겨야 합니다. 즐거운 인생이란 봉사의 가치를 아는 삶입니다. 깨우친 사람은 장기적인 삶의 목표를 세워 그 목표를 이루기 위해 열심히 살아갑니다. 분명한 것은 이런 사람들은 목표가 없이 우선 눈앞의 이익에 매여 허덕이는 사람과는 차이가 있다는 것입니다. 사람들과의 좋은 관계를 유지하기 위해 당장의 이해득실을 따지지 말고 선한 사마리아인의 모습을 보입시다.

데살로니가전서는 신앙 때문에 박해를 당하는 성도들에게 그리스도의 재림과 관련된 주제를 통해 위로와 확신을 주는 책입니다.

항상 기뻐하라 쉬지 말고 기도하라 범사에 감사하라 (데살로니가전서 5:16-18)

14

참나무처럼 발가벗은 힘으로
살아가기

| 내 일생의 가장 큰 방해물은 공짜 인생을 너무 좋아했다는 것이다.

  윤석철 서울대 경영학과 명예교수는 서울대 강의실에서 열린 정
년퇴임 기념강연회에서 테니슨의 시 〈참나무(The Oak)〉를 인용했습
니다.

  "개인과 기업이 지속적으로 성장하기 위해서는 참나무처럼 '발가
벗은 힘'을 길러야 합니다."

  그가 말하는 '발가벗은 힘'이란 지위나 상황이 부여한 것이 아니
라 자기 스스로의 힘으로 일정 기간이 지난 후에도 지속적으로 유지
되는 힘을 뜻합니다. 보통 사람들은 직장을 그만 둘 때 상실감에 사
로잡힙니다. 그동안 자신의 얼굴이었던 기업 부장, 육군 대령, 경기
도청 국장, 교수 등의 직함을 벗어야 하기 때문입니다.

그러나 그 순간부터 진정한 나의 실력이 나타납니다. 사람이나 기업의 진정한 실력은 '발가벗은 힘'이 좌우합니다. 자신의 처지에 대한 타협과 굴복 대신에 긍정적인 변화와 선택을 가지는 것이야말로 발가벗은 힘입니다. 성공에는 한 가지 이유만 있고 실패에는 수백 가지의 변명이 따른다고 합니다. 긍정적인 삶이란 좋은 습관과 올바른 태도로 사는 것입니다.

세상에서 가장 어려운 일은 나 자신을 아는 것이고, 제일 쉬운 일은 남을 지적하는 것이라고 했습니다. 가장 즐거운 일은 내가 정한 목적지로 가는 것입니다. 교도소 독방에 있는 죄수와 면벽하는 수도승의 외형적 차이는 없어 보입니다. 단지 생각의 차이만이 존재할 뿐입니다. 괴테는 "눈앞에 있는 것 중 무엇이 옳은지 분간하는 것이 제일 어렵다"고 말했습니다. 모든 사람에게 존재하는 맹점은 눈앞에 보이는 기회와 복잡한 문제를 풀 수 있는 간단한 해결방법의 기회를 놓치는 것입니다.

분명한 삶의 목적과 사명을 가지고 살아갈 때 비로소 우리는 성공의 길로 들어설 수 있습니다. 부지런히 자기 개발을 하고, 안정된 조직과 명함 뒤에 가려졌던 자신의 모습을 찾아야 합니다.

하루야마 시게오는 "좋습니다, 될 것입니다, 할 수 있습니다"라는 긍정적인 발상을 계속하면 뇌가 좋은 호르몬을 분비시켜 의욕 고취, 창의력 강화, 건강 증진에 도움을 준다고 주장했습니다.

이런 성공을 위해 새벽형 인간이 되기를 권합니다. 다른 사람과 똑같이 늦잠을 자고 6시 퇴근하면서 성공할 수 있을까요? 끈기와 집요함은 다른 사람들과 다른 나를 만듭니다.

데살로니가후서는 잘못된 종말관에 대한 엄격한 훈계를 주며 현실에서 선한 싸움을 하라고 권면하는 바울의 서신입니다.

주는 미쁘사 너희를 굳건하게 하시고 악한 자에게서 지키시리라 (데살로니가후서 3 : 3)

15

현명한 조언에
귀 기울이기

> 우리는 가장 가까운 데 있는 자신의 눈썹도 볼 수 없다. 다른 사람의 조
> 언 없이 사는 것은 바람 빠진 자전거를 타고 달리겠다는 욕심과 같다.

현명하다는 것은 다른 사람의 말을 경청하는 것에서부터 시작됩
니다. 셰익스피어는 경청이란 헤아릴 수 없는 값의 보물이라고 말했
습니다. 따라서 좋은 인간관계의 출발은 마음을 열고 나누는 대화입
니다. 얼마나 좋은 경청 자세로 임하는가에 따라 대화의 질은 달라
질 수 있습니다. 그래서 성공한 지도자들은 대화의 기술에 숙련된
사람들입니다.

여기서 주목해야 하는 것은 태도도 학습할 수 있다는 점입니다.
대화를 하는 상대방의 자세를 보면 자신의 태도만으로도 주인으로
행사하는 사람과 하인으로 행사하는 사람들로 나눌 수 있습니다. 어

떻게 하면 자신 있는 태도의 주인이 될 수 있을까요? 한마디로 말하자면 자신을 존중하고 상대방에게 배우려 하는 마음가짐을 가져야 합니다.

위대한 리더는 누구에게나 기꺼이 배우고자 합니다. 늘 겸손하게 다른 사람들의 조언과 생각을 들어 주는 아량이 있습니다. 지위를 이용해 다른 사람들의 말을 잘 안 듣는 사람은 성공의 길에서 비껴 납니다.

다른 사람의 말에 귀를 기울이는 것은 엄청난 에너지와 자기 수련을 필요로 합니다. 왜 솔로몬은 국방의 안정과 개인적 부귀, 명성 대신 지혜를 구했을까요? 그 이유는 간단합니다. 그는 세상에서 가장 지혜로운 사람이었기 때문입니다. 언젠가는 사라질 물질과 명예는 허무감만 남게 합니다. 지혜란 다른 사람이 빼앗을 수도, 쉽게 가질 수도 없는 것이라는 것을 그는 알고 있었던 것입니다.

데일 카네기는 인간은 자존감을 중요하게 여기기 때문에 지시받기보다는 자발적으로 일하기 좋아하고 듣기보다는 말하기를 좋아한다고 했습니다.

세상에서 가장 값진 내 편을 만드는 일은 상대방이 바라는 꿈과 희망에 대해 들어 주는 것부터 시작됩니다. 그리고 그것이 성취될 수 있도록 격려해 주는 것입니다.

중국 춘추전국시대, 제나라의 군주 환공이 전쟁터에서 자기 나라로 돌아오다가 그만 길을 잃었습니다. 이때 나이 든 신하가 늙은 말을 앞으로 가게 하라고 했습니다. 환공은 신하의 말대로 늙은 말을 앞세워 무사히 어려운 길을 빠져 나올 수 있었습니다. 이번에는 행군 도중에 먹을 물이 한 방울도 없었습니다. 이때 한 신하가 개미들이 집을 짓는 곳을 여덟 자만 파면 물이 나온다고 말했습니다. 신하의 말대로 땅을 파니 과연 물이 나왔습니다. 이처럼 중요한 순간에 경륜이 있는 사람의 조언에 귀를 기울여야 합니다.

하나님은 우리에게 어렵거나 특별한 일을 요구하지 않으십니다. 하나님은 우리와 대화하기를 끊임없이 강조하셨을 뿐입니다. 현명한 자는 하나님의 말씀에 귀를 열어 두는 사람입니다.

디모데전서는 에베소 교회의 젊은 목자 디모데를 격려하고 이단에 대한 경계와 올바른 교회 생활과 목회 지침을 계시해 줍니다.

내가 이를 때까지 읽는 것과 권하는 것과 가르치는 것에 전념하라 (디모데전서 4:13)

16

우리 삶의 CEO이신
예수님

성령님은 우리의 가장 큰 위로자 되시니 하나님의 말씀으로 우리를 채우라.

경영의 신이라고 불리는 일본의 마츠시타 고노스케는 18세 때 오사카 전기의 급사로 일하며 돈을 벌기 시작했습니다. 초등학교 5학년이 그의 학력의 전부입니다.

처음 취직하러 갔을 때 인사 담당자는 남루한 그의 복장을 보고 지금은 사람이 필요하지 않으니 한 달 후에 오라고 했습니다. 한 달후에 찾아갔으나 여러 가지 핑계로 다음을 기약했습니다. 그 뒤에도 찾아간 그를 담당자는 남루한 옷을 지적했습니다. 고노스케는 돈을 빌려 옷을 깨끗이 입고 다시 입사를 간청하였지만 이번에는 전기 분야 전문지식이 없다고 돌려보내는 것입니다. 그러자 그는 전기 분야를 공부한 후에 다시 찾아갔습니다. 인사 담당자는 이렇게 말하며 그를 채용했습니다.

"수십 년 동안 인사 담당을 했지만 자네 같은 사람은 처음이네. 두 손 다 들었어."

대부분의 사람들은 현재를 고민하면서 동시에 미래를 두려워합니다. 그러나 고민 때문에 기도하지 못할 정도로 무거운 짐을 진 사람은 없습니다. 보통 사람들은 도전을 싫어하고 안정을 추구합니다. 신앙에 있어서도 중간 수준을 원하기도 합니다. 하지만 도전하지 않으면 아무것도 얻을 수 없습니다.

'도전'(Challenge)이라는 말에는 '그릇된 비난'이라는 뜻이 있습니다. 그래서 아직 성취되지 않은 어떤 것을 의미한다고 합니다. 적극적으로 당신의 능력과 직관과 상상력에 도전해 보십시오. 현대 교육에서 필요한 것 역시 지식의 양이 아니라 끊임없이 생각하고 도전하는 태도입니다.

미국 달러화에는 "IN GOD WE TRUST(우리는 하나님을 믿습니다)"라는 문구가 있습니다. 1851년 미국 메릴랜드 주에 있는 한 농부가 미 재무성에 계속해서 청원서를 낸 결과 1864년 미 의회에서 정식으로 승인한 결과입니다. 농부의 선한 도전이 미국 달러를 가장 권위 있는 하나님의 전도자로 만든 것입니다.

예수님께서는 아래의 항목을 실천하셨습니다. 이 항목들은 우리 사회가 필요로 하는 탁월한 CEO의 모습입니다.

첫째, 탁월한 비전 창조자로서 제자들에게 고귀한 목적제시와 진정한 부를 주셨습니다.

둘째, 철저한 자기 중심의 리더로서 두려움, 명예욕 등 리더에게 불필요한 것들을 버렸습니다.

셋째, 정이 넘치는 지도자로서 진정한 섬김과 평화를 주셨습니다.

도전에는 많은 염려와 희생이 따릅니다. 그러나 진정한 크리스천이라면 하나님을 사랑하는 것을 넘어 하나님의 방법까지 사랑해야 합니다. 왜냐하면 우리의 방법과 하나님의 방법은 전혀 다를 때가 있습니다. 우리는 자신의 이익만을 생각하지만 하나님은 인간 자체를 사랑하시며 우리를 기다려 주십니다. 우리는 우리의 일을 하기 전에 하나님의 일하시는 방법을 우선 믿고 충실히 따르는 신앙이 필요합니다.

인간은 누구나 태어나서 죽을 때까지 끊임없는 도전과 위협에 직면하면서 살아갑니다. 인간이 성취한 모든 문명들도 이러한 도전을 극복한 응전의 과정에서 형성한 결과물입니다. 인류가 살아 있는 한 도전과 응전의 관계는 계속됩니다. 도전에는 많은 염려와 희생이 뒤따릅니다. 그러나 도전을 회피하고, 패배를 두려워한다면, 존귀한 영광도 없습니다.

디모데후서는 바울이 후배 목회자 디모데에게 복음 전파시 당하는 수모와 고통을 견디며 담대함을 잃지 말라는 당부와 배우고 확신한 일에 망설이지 말라고 충고하는 내용입니다.

무릇 그리스도 예수 안에서 경건하게 살고자 하는 자는 박해를 받으리라 (디모데후서 3:12)

17

삶의 에너지
넘치게 하기

> 하나님에 대한 믿음, 자신에 대한 신뢰, 국가에 대한 충성은 살아가는
> 에너지이다.

지금은 지상의 낙원이라고 불리는 덴마크도 한때는 환락이 가득
했습니다. 게다가 땅은 농사도 지을 수 없을 만큼 척박했습니다. 지
금 덴마크 교도소에는 하얀 깃발이 펄럭이는데 이는 죄수가 한 명도
없다는 것을 의미합니다. "덴마크 교회 지도자들이여, 회개하라"
"덴마크 사람들이여, 하나님과 이웃과 덴마크를 사랑하라"고 외친
그룬트비 목사의 바람이 실현된 것입니다.

사람의 뇌는 두 근밖에 안 되는 무게이지만, 기억 능력은 대단합
니다. 약 1,400억 개의 세포로 이루어져 있고, 컴퓨터 100대의 용량
을 가지고 있다고 하니 새삼 창조주의 능력에 놀라지 않을 수 없습

니다.

조각가 미켈란젤로도 16세가 될 때까지 무려 20번이나 가출했던 광산 노동자에 불과했지만 숨겨진 능력을 찾아 세계적인 조각가가 되었습니다. 알렉산더 대왕은 인적 자원을 활용하는 데 천재적인 소질을 갖고 있었습니다. 기록에 따르면 그는 1만 명에 달하는 병사의 이름을 모두 외우고 있었다고 합니다. 그는 전쟁을 수행하면서 자신의 병사와 함께 먹고 마시고, 잠을 잤습니다. 그는 항상 소박한 식단을 즐겼고 추운 곳에서 잠을 청했습니다. 항상 최전선에서 병사를 이끌었으며 그들과 함께 싸우다 부상을 입는 일도 잦았습니다. 의술 교육을 받은 그는 전투가 끝나고 나면 몸소 병사들의 상처를 치료해 주었습니다. 심지어 자신이 큰 부상을 입었을 때도 병사들의 상처를 먼저 돌보았습니다.

인생의 포트폴리오를 건전한 에너지로 채워야 합니다.

인생에 있어서 30세까지는 준비운동 기간이고, 55세까지는 전반전을 끝낸 상황, 85세까지는 후반전이며, 그 이후는 연장전입니다. 행복이란 어쩌다 한번 주어지는 사건이 아닙니다. 일상생활에서 작지만 수시로 일어나는 것으로 하루하루 성공의 벽돌을 쌓아야 합니다. 동시에 세상을 이기겠다는 혁신과 창의성을 가지고 위험을 감수하고서라도 기꺼이 도전해 보겠다는 모험정신도 삶의 에너지를 충만하게 합니다.

디도서는 그레데 교회의 목회자 디도를 격려하기 위함이며 거짓 교사로 인하여 혼란된 그레데 교회를 바로잡고 올바른 신앙적 질서를 정립하기 위해 쓰였습니다.

우리로 그의 은혜를 힘입어 의롭다 하심을 얻어 영생의 소망을 따라 상속자가 되게 하려 하심이라 (디도서 3:7)

18

혁신적인 삶
살아가기

| 용서해 주지 않는 자는 자신이 건널 다리를 파괴하는 자와 같다.

   혁신(革新)이란 갓 벗겨낸 가죽을 무두질하여 새롭게 만드는 것으로, 면모를 일신한다는 뜻입니다. 우리는 기존의 묵은 틀에서 벗어나 근본적으로 새롭게 하기 위한 노력을 아끼지 말아야 합니다.

   피터 드러커는 "우리는 경영의 시대를 지나 다시 기업가 정신을 강조하는 시대에 살고 있습니다. 그러나 오늘날의 기업가 정신은 예전처럼 한 사람이 모든 것을 해결하는 능력을 뜻하는 것은 아닙니다. 지금 필요한 것은 새로운 것을 위해 조직을 창출하고, 지휘하는 능력입니다. 이런 기업가 정신의 핵심을 이루는 것이 바로 혁신입니다"라고 말했습니다.

   혁신은 목적과 초점을 갖고 조직의 경제적 · 사회적 잠재력에 변화를 일으키려는 노력이며, 혁신과 기업가 정신은 조직 · 경제 · 사회의 생존에 필수적인 생명활동입니다. 우리는 천재를 엄청난 사람으로 오해하고 있지만, 사실 혁신의 의지만 있다면 누구나 천재가 될 수 있습니다.

1920년 영국의 알렉산더 플레밍은 페니실린을 발견했습니다. 페니실린은 이전까지 한낱 병균에 불과했지만 그의 노력을 통해 박테리아를 죽이는 가치 있는 자원으로 거듭났습니다.

사슬모양의 고분자는 독일의 화학자 H. 슈타우딩거가 발견했습니다. 그것을 끊임없이 연구하여, 나일론 스타킹으로 시판하고, 나아가 합성섬유로 널리 판매하기 시작한 것은 듀폰 사입니다.

기업이나 개인에 있어 혁신이 갖는 의미는 중요합니다. 혁신의 프로세스는 첫째, 새로운 것을 찾아내는 것입니다. 무에서 유로, 불안전한 유에서 완전한 유로 바꾸는 것으로 기존의 고정관념을 깨는 것입니다.

둘째, 혁신은 기발한 아이디어나 발명이 아니라 남들이 무시했던 것을 찾아내는 것입니다. 도요타 자동차의 렉서스 상표는 임직원들의 자발적인 혁신 활동의 결과입니다. 또 도요타 자동차에는 별도의 서비스 지침이란 것이 없습니다. 고객이 원하면 무엇이든지 서비스를 해야 한다는 의미이겠지요? 기독교 방송의 노컷뉴스라는 코너도 평직원의 아이디어에서 출발한 것입니다. 노컷뉴스란 자르거나 편집되지 않은 싱싱한 뉴스로 어떤 외압에도 편집권을 사수한다는 신선한 의미를 주어 각계 각층의 관심과 이목을 집중시키는 데 성공한 것이지요.

셋째, 다른 회사의 것을 모방하는 것이 아니라 과거와 다른 새로운 것을 발명하는 것입니다. 혁신을 찾아가기 위해서는 모든 요소를 신중하게 분석하여 어떤 요소는 이용할 수 없는지 확인하는 것입니다.

〈어리석은 뷔르당의 나귀〉라는 우화가 있습니다. 나귀 앞에 가득 쌓여 있는 건초 두 덩어리가 있었습니다. 그런데 나귀는 어느 건초가 더 좋은지 망설이다가 그만 굶어 죽었습니다. 올바른 선택은 혁신적인 사고로부터 시작됩니다.

혁신적 사고는 전략적 위치에 초점을 맞춰 집중하는 것입니다. 우리가 사는 시간이 무한하다면 시행착오와 재도전이 얼마든지 가능하겠지만 우리의 삶은 유한한 것입니다. 따라서 주어진 시간과 여건을 혁신적으로 살아야 합니다. 위대한 혁신을 위해 당신은 지금 무엇을 하고 있습니까?

빌레몬서는 빌레몬에게 재산을 훔쳐 달아난 종 오네시모를 용서해 주어 복음의 전파자가 되어 새롭게 일할 것을 허락하는 당부의 내용이 있습니다. 로마에 갇힌 바울이 긍휼과 용서를 권장하는 사랑의 서신입니다.

형제여 성도들의 마음이 너로 말미암아 평안함을 얻었으니 내가 너의 사랑으로 많은 기쁨과 위로를 받았노라 (빌레몬서 1:7)

19

두려움 없는 삶
살아가기

| 인생을 다시 산다면 모험하며 즐겁게 살고 싶다.

　장수 할머니들을 인터뷰한 텔레비전 프로그램을 본 적이 있습니다. 방송 진행자가 할머니들에게 가장 아쉬운 것이 무엇이냐고 물었습니다. 할머니들은 노후 준비를 해놓지 못한 것과 알 수 없는 두려움 때문에 낭비했던 시간을 후회한다고 했습니다. 우리는 실제로 일어날 가능성도 없는 94%의 일에 대해 걱정을 합니다. 닥치지도 않은 쓸데없는 일에 얽매여 전전긍긍합니다. 용기를 내서 그런 상황들을 훌훌 털어 버리세요. 그리고 자신의 삶을 살아가십시오.

　용기와 도전은 하나님의 선물이자 새로운 것을 배울 수 있는 기회입니다. 역경은 위대함으로 가는 예비 학교입니다. 독일의 철학자 오스발트 수렝글러는 《서구의 몰락》에서 도전 정신이 없는 국가는 몰락한다고 했습니다. 도전하는 용기가 없다면 우리는 아무것도 얻을 수 없습니다.

1975년 9월 30일, 서른세 살의 알리는 세 번째 타이틀 매치에 도전했습니다. 그의 타이틀 매치 전적은 1승 1무였습니다. 14회전을 알리는 종이 울릴 때에는 체력이 극도로 바닥이 나서 가만히 서 있기도 어려운 상태였습니다. 알리는 죽는 한이 있어도 결코 포기하지 않겠다고 결심했지만, 상대 선수 역시 정신력이 대단했습니다. 지금까지는 기술과 실력이 승패를 좌우했다면 지금부터는 정신력이 문제였습니다.

알리는 두 눈을 부릅뜨고 자신의 강한 투지를 다시 한 번 불태웠습니다. 알리의 코치는 조금만 더 버티라고 응원했습니다. 알리는 승리를 위한 마지막 투지를 불살랐습니다. 잠시 후, 상대 선수는 링위에 무릎을 꿇은 채 경기를 포기했습니다. 주심은 알리의 손을 들어 그의 승리를 선포했고, 그와 동시에 링 가운데로 나가려던 알리는 다리에 힘이 풀려 바닥에 쓰러지고 말았습니다.

용기 있는 사람은 결코 패배하지 않습니다. 죽기 살기로 한다면 못할 것이 없습니다. 맹인으로 살았던 바디매오는 예수님을 향해 "나를 불쌍히 여기소서"라고 말하며 주님께 의지했고, 이에 예수님은 "네 믿음이 너를 구원하였다"고 말하며 눈을 고쳐 주셨습니다.

용기란 두려움이 없는 상태를 말하는 것이 아닙니다. 진정한 용기란 두려움에도 불구하고 행동하는 것입니다. 용기란 꿈과 비전이 없을 때 힘을 발휘하지 못합니다. 두려움을 이기는 것이 용기입니다.

하나님께서 아브람에게 본토 친척 아비집을 떠나 내가 지시할 땅으로 가라고 하셨을 때 아브라함인들 두려움이 없었겠습니까? 그러나 하나님을 신뢰하고 믿었기에 미지의 땅으로 당당히 나아가 믿음의 조상이 된 것입니다.

야고보서는 스데반의 순교와 더불어 거세진 로마의 박해에 직면한 성도들을 격려하며, 잘못된 교리로 생긴 폐단을 시정하고 하나님의 참뜻을 행함으로써 사랑과 믿음의 교제를 회복하기 위한 글입니다.

이와 같이 행함이 없는 믿음은 그 자체가 죽은 것이라 (야고보서 2:7)

20

지도자의
덕목 배우기

> 내 힘으로 할 수 없는 것은 기도로 이끌어 내지만 내 힘으로 할 수 있는
> 것은 스스로 실행하라.

아우렐리우스의 명상록에서 지도자가 갖추어야 할 덕목으로 지혜, 정의감, 강인함, 절제력을 듭니다. 여기에 하나 덧붙일 수 있는 중요한 덕목이 있다면 정직함입니다. 역사가 토인비는 조직을 가장 위태롭게 하는 것은 조직 내부의 부정부패라고 하였습니다. 조직 구성원의 정직하지 못한 말과 잘못된 판단은 조직을 위태롭게 합니다. 세계적인 미래학자인 엘빈 토플러가 한국을 방문했을 때 차기 지도자의 덕목은 합리적이고 지적이며 책임감을 갖춘 인물이어야 한다고 말했습니다. 또 무조건 자신의 신념대로 밀고 나가기보다 한번쯤 돌아보고 스스로에게 질문을 던질 수 있는 유연한 사고를 가져야 한

다고 말했습니다.

리더란 '안내하다, 여행하다' 라는 의미를 가지고 있습니다. 리더는 새로운 질서를 찾는 사람이며, 리더십은 리더가 일반 사람들로 하여금 자신의 가치와 잠재 능력을 볼 수 있도록 하는 역할을 하는 것입니다.

만일 당신이 리더의 위치에 서면 당신은 여러 가지 전략과 승리를 위한 고독하고 정직한 결정을 내려야 합니다. 성공의 확률은 아무도 모릅니다. 그러나 분명한 것은 당신의 결단을 기다려 주지 않습니다. 당신은 머뭇거릴 수 없고 선택에 집중해야 합니다. 지식정보사회에서는 빠른 시간 내에 당신의 탁월함이나 어리석음이 쉽게 드러납니다. 따라서 좋은 리더란 미래의 변화를 인식하고 준비하는 통합의 리더십이 있어야 합니다. 리더십은 지위에서 나오는 것이 아니라 겸손과 정직, 위대한 용기를 인식할 때 나옵니다.

아인슈타인은 앞으로 인류에게 도움이 되는 것은 지식보다 것이 상상력이라고 말했습니다. 어느 거부에게 본인의 가치는 얼마인지 물었더니 그는 자신 있게 40만 달러라고 말했습니다. 40만 달러가 훨씬 넘는 어마어마한 재산이 있는데 왜 그것밖에 안 되느냐고 물었더니 이렇게 말했습니다.

"작년에 40만 달러를 기부했습니다."

세계 최대의 부자이면서 자선가인 록펠러는 "내 수입이 늘어나는 것은 내가 돈을 벌면 하나님이 좋아하시는 일을 하기 때문에, 늘 축복해 주시기 때문입니다"라고 말했습니다. 하나님은 인간으로서 사는 데 필요한 물자를 풍성하게 주셨으며 우리 모두를 지도자로 임명하셨습니다.

경영학자 피터 드러커는 이렇게 말했습니다.

"우리는 모두 CEO입니다 성공적인 경력은 미리 계획되어 있는 것이 아니라 관리하는 것입니다."

지금은 비록 월급쟁이일지라도 나중을 위해 CEO처럼 생각하고 관리해야 합니다. 짐 콜린스는 "리더십은 단지 비전만 가지고 시작하는 것이 아니다. 그것은 사람들로 하여금 현실을 냉철하게 받아들이고, 이를 바탕으로 하여 행동하도록 하는 데서 시작된다"고 말했습니다.

리더는 시간에서 자유로운 존재입니다. 늘 쫓기면서 일하고 이번 일만 끝나면 여유가 있을 거라고 생각하는 사람은 리더가 아닙니다. 리더란 시간을 활용하는 사람이기 때문입니다.

가드너는 리더란 적어도 6가지 측면에서 관리자와 전체적인 방향이 다르다고 강조했습니다.

첫째, 보다 장기적으로 생각합니다.

둘째, 자신이 이끌고 있는 조직에 대해 생각할 때 조직을 현실과의 관계 속에서 파악합니다.

셋째, 권한과 한계를 넘어서 사람들에게 영향력을 미칩니다.

넷째, 무형의 비전과 가치, 동기 부여에 역점을 두고 리더와 사람들의 상호 작용의 비합리적인 요소들을 직관적으로 이해합니다.

다섯째, 다양한 구성원들의 갈등에 대처할 수 있는 정치 기술을 갖고 있습니다.

여섯째, 쇄신의 측면에서 생각합니다.

직장 내 만족도와 충성도를 조사하는 연구기관인 워커 인포메이션(Walker Information)에 따르면, 종업원들은 그들의 회사가 윤리 경영을 하고 있다고 생각할 때 회사에 장기 근무할 확률이 그렇지 않은 경우보다 6배나 더 높다고 합니다. 이는 종업원의 이직률(Turnover Rate) 저하를 의미하며 안정적 생산성 향상으로 연결됩니다. 이처럼 리더의 역할도 회사가 윤리적 깨끗함과 기업 종업원들의 안정을 도모하는 것에 있습니다.

히브리서는 그리스도론과 구원론을 다룬 변증서로 구약과의 연결과 인용이 두드러지며 믿음을 강조한 것입니다.

믿음은 바라는 것들의 실상이요 보이지 않는 것들의 증거니 (히브리서 11 : 1)

Chapter 4

:

고난을 통해
믿음을 단련하는 인생 수업

88 Things to Do Before Christians Die

우리는 매일 사랑을 말하지만 사랑을 제대로 알진 못합니다. 사랑이란 조건 없이 주는 선물입니다. 사랑이란 타인을 배려하고, 존중하며, 이해하는 것입니다.

진실한 사랑은 사람을 변화시키고 좋은 방향으로 그 사람을 인도할 수 있습니다. 희생 없는 사랑은 없으며, 희생이 따르지 않는 사랑은 진실한 사랑이 아닙니다. 즉 사랑은 말이 아니라 몸으로 보여 주는 숭고한 행위입니다.

남미의 칠레와 아르헨티나는 국경 분쟁으로 늘 긴장 상태였습니다. 양국의 종교 지도자들은 사랑만이 양국의 평화를 유지하며 전쟁과 증오는 가난과 피를 남겨 주는 치졸한 방법이라는 것에 동의했습니다. 양국의 국경인 안데스 산맥에 그리스도의 동상을 세웠습니다. 그리고 거기에 "그는 우리의 화평이신지라 둘을 하나로 만드시느니라"라고 썼습니다.

예수님의 사랑은 인간으로서는 도저히 이해되지 않는 영역입니다. 그는 인간을 위해 죽었고, 인간을 위해 부활하셨습니다. 이 같은 희생이야말로 누구도 범접하기 힘든 사랑입니다.

01

행복의 비밀

> 삶은 우리가 무엇을 하며 살아왔는가의 합계가 아니다. 우리가 무엇을 절실하게 희망해 왔는가의 합계이다.

행복을 얻으려면 다음 세 가지를 충족시켜야 합니다.

첫째로 자기의 일을 좋아해야 합니다. 둘째로 자기의 일에 너무 무리해서는 안 됩니다. 셋째로 자기의 일이 성공할 것이라는 신념을 가져야 합니다. 행복한 사람은 자신의 일을 즐기며 최선을 다하는 사람입니다.

그렇다면 어떻게 해야 행복하게 일을 할 수 있겠습니까? 나의 일을 위한 열정이 필요합니다. 열정은 성상에 오르기 위한 에너지입니다. 뜨거운 불꽃을 주변으로 확산시키는 힘이자 집중력과 창의력을 발휘하게 하는 원동력이 됩니다.

열정주의자는 행복의 주인이 되지만, 성취주의자는 미래의 노예로 살며, 쾌락주의자는 실망의 포로가 되고, 허무주의자는 과거의 틀에 박혀 사는 사람들입니다.

이스터린 역설(easterlin paradox)이란 "돈이 많다고 행복이 증가하지는 않는다"는 내용으로 기존 경제학의 틀을 깨는 이론입니다. 저소득에서는 경제소득이 늘수록 행복지수도 같이 높아지다가 1인당 국민소득이 1만~1만 5000달러에 이르면 소득 수준이 높아져도 행복지수는 더 이상 올라가지 않게 됩니다. 실증적 연구 결과에서 1945년에 비해 2000년 미국의 1인당 국민소득은 3배 증가했지만 행복지수는 변하지 않았다는 연구보고서가 있습니다.

노벨 경제학상 수상자인 폴 새무얼슨 교수는 "행복 = 소비 ÷ 욕망"이라는 공식으로 설명했습니다. 그에 따르면 행복은 소비에 비례하고, 욕망에 반비례합니다. 분수에 맞는 건전한 소비를 하면서 지나친 욕심을 버리고, 만족하는 삶을 살 때 행복의 끈을 놓치지 않는다는 것입니다. 덧붙여 행복의 최상의 경험을 하고 싶다면 이것을 기억해야 합니다.

행복을 위한 최선의 기회는 교육이다. (마크 반 도렌)

독일의 수도사 토마스 아 켐피스의 기도를 읽으면 하나님 안에서 누리는 행복에 대해 알 수 있을 것입니다.

오 주님,

내가 알아야 할 것을 알게 하시고

내가 사랑해야 할 것을 사랑하게 하시며

당신을 가장 기쁘게 하는 일을 찬양하게 하시고

당신이 보시기에 값진 것을

가치 있게 생각하게 하시고

당신을 거스리는 일을 미워하게 하소서.

내 눈에 보이는 대로 판단하게 하지 마시고

무지한 인간의 귀에 들리는 대로

말하지 말게 하시고

눈에 보이는 것과 영적인 것 사이에서 참된 판단을

분별 있게 내리도록 하시며

무엇보다도 항상 당신의 뜻에 무엇이

정말로 기쁜 일인가를 묻게 하소서.

베드로전서는 예수님의 대표적 제자인 베드로가 저자로 예수님의 구원을 재음미함으로써 다가올 박해를 극복할 용기를 갖게 하기 위함이며 실생활에서의 거룩함을 추구합니다. 하나님의 은혜를 체험하고 산 소망을 갖게 합니다.

무엇보다도 뜨겁게 서로 사랑할지니 사랑은 허다한 죄를 덮느니라 (베드로전서 4:8)

02

고난 극복하기

> 성공자는 고난의 원인을 자신과 미래에서 찾지만 실패자는 고통의 원인을 과거에서 찾는다.

    토머스 패인은 미국 독립 혁명 당시 청교도 사상가로, "나는 고난 속에서도 미소 지을 수 있는 사람, 고통 속에서도 힘을 모을 수 있는 사람, 반성을 통해 용기를 얻을 수 있는 사람을 사랑한다. 움츠러드는 것은 소심한 자들이 하는 일이다. 그러나 마음은 확고하고 양심에 따라 행동하는 사람은 원칙을 무덤까지 가져가는 것이다. 이것이 곧 우리가 세상 앞에 보여 주어야 할 역동적인 그리스도의 위상이다"라고 말하였습니다. 고난과 실패를 하나님이 주신 적절한 훈련이라고 믿고, 고난을 통해 우리가 하나님을 신뢰하는지 그렇지 않은지를 가름할 수 있는 기회가 됩니다.

고난을 당하는 것이 내게는 오히려 유익이 되는 경우를 경험하게 됩니다. 고난을 통해 주님의 율례를 배웠고, 기도하게 되고, 예수님을 의지하게 되어 고난이야말로 천만금보다 멋진 말보다 더욱 귀한 것입니다. 시카고에 있던 무디 목사님의 교회가 화재로 깡그리 타버렸습니다. 한 기자가 목사님 곁으로 와서 물었습니다.

"목사님께서는 항상 하나님은 살아 계시고 전지전능하여 무엇이든지 원하기만 하면 들어준다고 설교했습니다. 그런데 왜 거룩한 성전인 교회가 불타 없어지는 것을 가만두십니까?"

그러자 무디 목사는 이렇게 대답했습니다.

"나는 벌써부터 하나님께 큰 교회를 달라고 기도했습니다. 그 기도의 응답으로 교회가 불탄 것입니다."

"목사님, 그럼 큰 교회를 지을 돈은 가지고 계십니까?"

"저는 수표도 돈도 가지고 나오지 못했지만 하나님의 금고인 성령이 있어 더 큰 교회를 여러분이 보실 수 있을 것입니다."

월트 디즈니는 디즈니랜드 건설 자금을 마련하기 위해 303개나 되는 은행을 찾아갔습니다. 마크 빅터 한센은 《영혼을 위한 닭고기 스프》를 167개 출판사로부터 거절당하고 어느 조그만 출판사와 계약을 했습니다. 빌 클린턴은 아버지 없이 어렵게 자랐습니다.

하지만 디즈니랜드는 세계적인 유원지로, 《영혼을 위한 닭고기 스프》는 세계적인 베스트셀러가 되었습니다. 빌 클린턴은 꿈이 있었기에 무명의 아칸소 지사에서 대통령이 될 수 있었습니다.

1982년 존슨앤존슨 사는 커다란 위기에 처했습니다. 자사 진통제인 타이레놀을 복용한 사람 여덟 명이 숨지는 사태가 일어났습니다. 당연히 주가는 폭락하고 여론은 들끓기 시작했습니다. 회사는 신속히 사과문을 발표하고 이유 여하를 떠나 모든 비용과 책임을 졌습니다. 솔직함과 용기는 행복을 노크합니다.

고통은 하나님께서 축복해 주시기 위한 메가폰입니다. 실수를 두려워 말고, 새로운 경험을 쌓아가며, 가진 것에 집착하지 말고, 지금 하는 일과 옆에 있는 사람을 사랑하는 것이 고통을 기쁨으로 바꾸는 비결이 됩니다. 고통 속 어느 곳에 있든지 하나님께서는 늘 우리를 바라보고 계십니다.

베드로후서는 영지주의 등 이단과 부도덕한 향락주의를 배격하고 택함 받은 자들의 합당한 삶을 위해 노력해야 함을 권장하고 예수님의 부활에 대한 확신을 심어 주었습니다.

주께서 경건한 자는 시험에서 건지실 줄 아시고 불의한 자는 형벌 아래에 두어 심판 날까지 지키시며 (베드로후서 2:9)

03

죽음의 두려움
극복하기

> 배를 타고 가면서 염세주의자는 바람을 불평하고 낙관주의자는 바람의
> 방향이 바뀔 것을 기대하지만 믿음이 있는 사람은 배의 닻을 조절할 수
> 있는 능력을 가지고 있다.

철학자 키르케고르는 덴마크 코펜하겐에서 태어났습니다. 그가
쓴 책들은 기성 교회에 대한 심각한 도전이었습니다. 당시 교회는
교회가 지녀야 할 신앙의 도약과 헌신에 대한 개인적인 책임을 회피
했습니다. 그는 당시 교회를 비판하고 하나님과 인간 사이를 잇는 이
가 바로 예수 그리스도라고 말했습니다. 그는 이렇게 기도했습니다.

"하늘에 계신 아버지 회중들이 종종 병든 자와 슬픔을 당한 자를
위해 주님께 간구합니다. 우리 중에 어떤 이가 병들어 누웠거나 죽
을병에 걸린 자들을 위해 기도합니다. 우리 한 사람 한 사람에게 죽

음에 이르는 병이 무엇인지 적시에 알 수 있는 은혜를 주시고, 우리 모두가 이 질병을 겪고 있는 것을 알게 하여 주옵소서.

오! 예수 그리스도여, 주님께서는 이 질병으로 고통당하는 자들을 구원하려고 이 땅에 오셨습니다. 이 질병으로 우리 모두가 고통당하고 있습니다. 이 질병 속에서 주님을 굳게 붙잡도록 도와주옵소서. 이 질병을 고침받을 때까지 주님만을 붙잡고, 주님을 붙들게 도와주옵소서. 오! 성령 하나님, 성령께서는 우리를 고치시기 위해 오셨습니다. 우리와 함께 거하셔서, 우리가 단 한순간도 의사이신 성령님을 회피함으로 말미암아 파멸로 향하지 않게 하소서……. 성령님과 함께 거하는 것이 질병에서 고침받는 것이며, 성령님과 함께 있을 때 모든 질병에서 구원을 얻기 때문입니다."

누구나 죽음에 이르게 됩니다. 미국 카네기멜런대의 랜디 포시 교수는 췌장암을 앓고 시한부 인생을 살면서 500만 시청자에게 이렇게 이야기했습니다.

"어떤 일이든 성취감을 맛보기 위한 과정에서 벽에 부딪칠 때가 있습니다. 그 벽은 우리가 무언가를 얼마나 절실히 바라는가를 시험하기 위한 것입니다. 물고기에게는 물이 중요하듯, 인간에게는 즐기는 삶이 중요합니다. 즐기는 삶을 살기 위해, 솔직한 사람을 택하십시오. 그 사람은 당신의 꿈을 이룰 수 있도록 도울 것입니다. 절대 포기하지 마십시오. 가장 좋은 것은 가장 밑바닥에 있습니다. 당신이 뭔가를 망쳤다면 사과하십시오. 감사하는 마음을 보여 주십시오. 그리고 성심을 다해 준비하십시오. 행운은 우리가 준비되어 있을 때 기회가 오기 마련입니다. 완전히 악한 사람은 없습니다. 다른 사람의 말을 잘 들어 주십시오. 다른 이가 피드백을 줄 때 소중히 활용해야 합니다."

사실 우리는 성공하기 위해서 많은 사람과 관계를 맺고 일에 치이다 보니 정작 중요한 것을 간과하기 십상입니다. 그럴수록 다른 사람들에게 기회를 주는 여유를 갖고 보다 창조적인 일에 힘써야 합니다. 우리는 매사에 바쁜 것과 소중한 것을 구분하는 지혜가 필요합니다. 또한 불손한 생각과 세속적인 욕망이 부서질 수 있도록 기도를 해야 합니다. 피와 살을 다스릴 수 있는 법을 배우고 온전히 주님께 드리는 바울의 고백이 있을 때까지 회개해야 합니다.

사실 죽음에 이르는 길 앞에 서서 그것을 겸허히 받아들이는 것은 고독하고 어려운 일입니다. 막상 죽음 앞에 서면 두려움이 앞서며 한없이 나약해지는 게 인간입니다. 혼자서 죽음을 맞이하는 경우라면 더욱 마음의 혼란이 커질 것입니다. 진실한 기도를 통해 하나님께 순종으로 다가가야 합니다.

> 요한일서는 복음의 진리 위에 굳게 서서 성도의 사랑을 실천할 것을 강조한 간결한 문장입니다.
>
> 사랑하는 자들아 우리가 서로 사랑하자 사랑은 하나님께 속한 것이니 사랑하는 자마다 하나님으로부터 나서 하나님을 알고 (요한일서 4:7)

04

시간 아끼기

| 자신의 일에 충실한 사람은 다른 사람의 일에 간섭할 시간이 없다.

　미국의 100달러짜리 지폐에는 벤자민 프랭클린의 초상화가 그려져 있습니다. 그 이유는 조국의 아버지요, 피뢰침을 발견한 다재다능한 사람으로서가 아니라 시간처럼 귀중한 재화를 제대로 활용하여 돈에 가장 어울리는 사람이 바로 그였기 때문입니다.

　시간개념을 잘 아는 사람이 신뢰받을 수 있는 사람입니다. 시간을 아끼는 사람은 절제의 미를 알고 근면한 사람입니다. 동시에 성실하고 겸손하며 친절합니다.

　'이 산지를 내게 주소서' 라고 간구한 갈렙은 85세였지만 여호수아와 함께 가나안을 정복하고 땅을 분배하는 능력을 발휘하였으며 하프 타임을 잘 활용한 신앙의 선배가 되었습니다.

크리스천의 삶은 오래 달리기와 같습니다. 우리를 도우시는 주님의 본을 받아 면류관을 얻기 위해 달리고 또 달립니다. 시간이 돈이며 경쟁력입니다. 시간 관리는 성공자와 실패자를 가름하는 잣대가 되기도 합니다. 손에 쟁기를 잡은 사람이 뒤를 보고 걷거나, 신앙인으로서 하나님의 시간을 의미 있게 쓰지 못한다면 시간이 주는 놀라운 기적을 맛볼 수 없습니다.

시간 관리는 어떻게 해야 하는 것일까요? 우리가 사용하는 시간을 기록해서 불필요한 낭비요인을 제거해야 합니다. 또 시간의 공급적 측면보다 수요적 측면을 중시해야 합니다. 예를 들어 경영자 시간의 주요 수요자는 직원들입니다. 직원들은 경영자의 시간을 쓰지만 이것을 비용으로 생각하지 않습니다. 경영자의 시간은 제한적이고 귀한 자원이기 때문에 아끼는 마음이 중요합니다. 이를 위해서는 경영자의 시간에 값을 매기고 필요로 하는 사람은 어떤 형태로든 그 비용을 부담하는 시스템을 만드는 것입니다.

시간의 중요성에 대해 넬슨은 "잠을 줄이고 음식을 적게 먹으며 그중에서도 시간을 가장 절약하라"라고 했습니다.

시간을 절약하는 20가지 요령

1. 무슨 일이든 미루지 않고 지금 바로 시작하십시오.
2. 출퇴근 시 책을 읽거나 음악을 들으며 쉬십시오.
3. 나에게 최고로 능률이 오르는 시간이 언제인가를 파악하고 그 시간에 가장 중요한 일을 처리하는 습관을 들이십시오.

4. 낙관주의자가 되어야 합니다.

5. 시간 없다고 불평하지 말고 스트레스를 극복하십시오.

6. 정신을 집중해야 하는 창조적인 업무는 행정적 업무와 분리시켜야 합니다.

7. 시작한 일은 가능하면 끝을 내십시오.

8. 책상을 깨끗이 정리하고 문서를 제대로 관리하십시오.

9. 기회는 준비된 사람을 선호합니다.

10. 계획을 짜고 우선순위를 정하는 데 시간을 할애하십시오.

11. 가능하면 동료들과 업무를 나누는 것이 더 효율적입니다.

12. 빡빡한 일정보다 느슨한 일정이 업무의 완성도를 높입니다.

13. 매일 일기를 써 보십시오.

14. 아이디어가 떠오를 때마다 메모할 수 있는 노트를 준비하는 것이 좋습니다.

15. 스스로에게 업무에 대한 마감시간을 정해 놓아야 합니다.

16. 내가 시간을 지배하지 못하면 시간이 나를 지배합니다.

17. 약속 장소에 먼저 나가십시오.

18. 100달러의 빚은 채무자의 문제지만, 100만 달러의 빚은 채권자의 문제입니다. 빚도 관리가 필요합니다.

19. 정말 원하는 것을 위해 시간을 투자하십시오.

20. 시간은 돈입니다.

요한이서는 편지 형식으로 그리스도의 성육신을 부인하는 거짓 교사들의 접근을 경계하고 그리스도의 진리 안에서 사랑을 실천하라고 권면합니다.

또 사랑은 이것이니 우리가 그 계명을 따라 행하는 것이요 계명은 이것이니 너희가 처음부터 들은 바와 같이 그 가운데서 행하라 하심이라 (요한이서 1:6)

05

상처받은 사람들
위로하기

현실적인 사람은 자신이 무엇을 원하는지 알고, 믿는 자는 꼭 필요한
것이 무엇인지를 안다.

남자의 인생에 있어 초년에 너무 출세하는 것, 중년에 상처하는
것, 말년에 모아 놓은 돈이 없는 것을 3대 악재라고 말합니다. 일찍
이 상처한 친구가 있었습니다. 어떤 위로의 말을 해야 할지 막막했
습니다. 그러던 중 예전 어느 목사님에게서 들은 설교가 기억났습니
다. 죽음이란 인간의 눈으로 보면 한없는 슬픔이지만 하나님의 눈으
로 보면 더 이상 슬픔과 고통이 없는 천국으로 가는 기쁜 일이라는
것입니다. 다시 한 번 죽음을 통해 참된 교훈을 얻습니다. 여행을 갈
때는 꼭 필요한 것만 챙기고 가볍게 떠나야 합니다. 그렇듯 평소에
지고 있던 무거운 짐들은 벗어 둘 필요가 있습니다.

어느 믿음 좋은 집사님의 자녀가 대학에 떨어지고, 남편이 교통사고 당하는 등 안 좋은 일들이 계속되자 그 교회 목사님이 이렇게 위로했습니다.

"집사님, 이것은 우리의 믿음을 강건케 하기 위한 테스트입니다."

힘든 하루를 살 때마다 이 말을 생각해 보세요.

"오늘 내가 헛되게 보낸 하루는 어제 죽은 이가 그토록 살고 싶어 했던 내일이다."

인간은 누구나 마음속에 허전한 마음의 그릇을 가지고 태어난 듯합니다. 그곳에 예수님의 향기를 담을지 아니면 쓰레기를 담을지는 오직 자신의 몫입니다.

예수님이 이 땅에서 3년간의 사역을 하시기 전 요한의 세례를 받으실 때 하늘로부터 이런 음성이 들려 왔습니다.

"너는 내 사랑하는 아들이요, 내 기뻐하는 자라."

이해하기 힘든 사랑과 값 없이 주어진 사랑, 전도의 사명을 가능하게 한 것은 하나님의 사랑을 받는 자이기 때문입니다. 하나님으로부터의 음성을 듣는 자가 진정 행복하고 사랑받는 자입니다.

"망쳤어"라고 말하는 사람은 "괜찮아"라는 위로의 말을 듣고 싶기 때문입니다. "죽고 싶어"라고 말하는 사람은 "당신은 소중한 존재야"라는 것을 확인하고 싶은 사람입니다. "힘들어"라고 말하는 사람은 "당신이 있어 행복해"라는 위로의 말을 듣고 싶은 사람입니다. 그들에게 그렇게 말하는 사람이야말로 예수님의 길을 걷고 있는 사람입니다.

위로는 잘못을 덮어주는 것이 아니라 상대방의 마음을 바로세워주는 것입니다. 위로는 고통을 잊게 하는 것이 아니라 고통을 통해 마음을 새롭게 하는 것입니다. 세상을 살면서 낙담하고 고통당할 때 영의 생명력, 영적 위로, 바로 '보혜사' 성령님을 이웃에게 나눠주는 것이야말로 크리스천의 본분을 다하는 것입니다.

수고하고 무거운 짐 진 자들아 다 내게로 오라 내가 너희를 쉬게 하리라 나는 마음이 온유하고 겸손하니 나의 멍에를 메고 내게 배우라 그리하면 너희 마음이 쉼을 얻으리니 이는 내 멍에는 쉽고 내 짐은 가벼움이라 하시니라 (마태복음 11:28-30)

크리스천은 교회에서는 예배에 참석하고 헌금을 하며, 세상 밖에서는 예전과 다를 바 없이 행동할 때 주어지는 이름이 아닙니다. 세상의 흐름대로 살아가는 데 있어 주위 어려운 사람들이나 하나님의 뜻을 제한하는 한계를 가진 사람들을 위로하는 역할을 해야 합니다. 지금 내가 어떤 교회 생활을 하고 있는가보다 그리스도와 어떤 관계에 있는지를 먼저 확인합시다.

사람이 마음으로 자기의 길을 계획할지라도 그의 걸음을 인도하시는 이는 여호와시니라 (잠언 16:9)

요한삼서는 교회 안에서 하나 된 성도끼리 각각 자기의 역할에 따라 서로 충실히 협력할 것을 여러 측면에서 쓴 글입니다.

사랑하는 자여 네가 무엇이든지 형제 곧 나그네 된 자들에게 행하는 것은 신실한 일이니 (요한삼서 1:5)

06

마음의 분노
다스리기

| 거울은 절대 먼저 웃지 않는다. 내가 웃어야 세상이 즐거워진다.

우리 인생에 목숨을 걸만큼 소중한 가치를 가지고 있는 것이 무엇일까요? 크리스천으로서 지녀야 할 우선순위가 있습니다.

첫 번째는 자신의 죄를 바라보는 것입니다. '용서 받은 죄인' '죄인 중의 죄인'인 우리들의 회개가 전제되어야 합니다. 두 번째는 화목입니다. 그리스도는 우리에게 화목을 만들라고 하셨습니다. 세 번째는 먼저 하나님의 나라를 알고 의를 구하는 것입니다. 네 번째는 긍정적인 사고로 열심히 전도를 하는 것입니다.

마음의 분노는 다른 것보다도 무섭습니다. 분노는 인간관계를 손상시키며 올바른 의사 결정을 어렵게 합니다. 더 나아가 하나님에 대한 믿음을 방해합니다. 분노는 정력과 시간을 낭비하게 하며 평안과 기쁨과 성령의 열매를 파괴합니다. 또 실패로 이끄는 마귀의 소행을 결연히 없애야 합니다. 매일의 분노를 극복하기 위한 영적 훈련도 필요합니다.

미국 루스벨트 대통령의 부인 엘리너는 미국의 역대 퍼스트레이디 중에서 국민의 사랑을 가장 많이 받은 여성입니다. 그녀는 항상 밝은 표정으로 사람을 대했으며 늘 친절했습니다.

하지만 그녀가 항상 행복했던 것은 아닙니다. 그녀는 10살 때 고아가 되었고 먹을 것을 얻기 위해 혹독한 노동을 해야 했습니다. 그녀는 돈을 '땀과 눈물의 종잇조각'이라고 불렀습니다. 그런 생활을 하면서도 그녀는 매사에 긍정적이었습니다.

루스벨트와 결혼한 그녀는 여섯 명의 아이를 낳았는데, 그중 한 아이가 죽었습니다. 하지만 그녀는 절망을 억누르며 "아직 내게는 내가 사랑해야 할 아이가 다섯이나 있다"고 말했습니다. 세월이 흐른 뒤 남편 루스벨트는 관절염으로 휠체어를 타지 않고는 움직일 수 없는 처지가 되었습니다. 어느 날 휠체어를 탄 루스벨트는 아내에게 넌지시 물었습니다.

"불구인 나를 아직도 사랑하오?"

그러자 그녀는 명랑하면서도 다정한 목소리로 되물었습니다.

"내가 언제 당신의 다리만 사랑했나요?"

달팽이가 사과나무에 기어 올라갔습니다. 느리게 올라가다 보니 옆에서 구경하고 있던 새가 참견을 했습니다.

"너는 쓸데없는 힘을 낭비하고 있어. 네가 나무에 오를 때에는 이미 사과가 나무에서 떨어진 후야."

그러나 달팽이는 계속 오르면서 대답을 했습니다.

"내년에도 사과가 열릴 거야."

우리의 문제는 무엇을 소유하느냐가 아니라, 어떤 존재인가에 있습니다.

빵이 없다고 투덜대거나 달라고 재촉하기 전에 그것을 가지기 위해 무엇을 해야 하는지 생각하십시오. 크리스천이라면 크리스천답게 살겠다는 긍정적인 자세가 필요합니다.

유다서는 이단의 미혹으로 혼란해진 성도들에게 그들의 기만성과 사악성을 강조하고 믿음으로 싸울 것을 권면합니다.

하나님의 사랑 안에서 자신을 지키며 영생에 이르도록 우리 주 예수 그리스도의 긍휼을 기다리라 (유다서 1:21)

07

웃음을 심으면
행복의 열매가 열린다

| 웃지 않으면 자신을 사랑하는 것이 아니다.

성공의 85%는 인간관계로 이루어진다고 합니다. 얼마나 잘 웃느냐에 따라 운명이 달라지기도 합니다. 웃음은 앞으로 최고의 경쟁력이자 효과가 가장 큰 무기입니다.

브라이언 트레이시의 1회 강의료는 약 6억 원에 달한다고 합니다. 어느 날 강의를 마친 브라이언 트레이시가 호텔을 나와 걷다가 길거리의 걸인을 보았습니다. 그는 그 걸인이 새로운 사람이 되기를 바라는 마음에 이렇게 말했습니다.

"여기 100달러를 줄 테니 10달러만 갖고 90달러를 거슬러 주시오. 당신은 이 세상 모든 것이 비즈니스라는 것을 알아야 합니다."

러시아의 대문호 도스토예프스키는 그의 작품에서 이렇게 말했습니다.

"웃는 모습을 보면 그 사람의 됨됨이를 알 수 있습니다. 전혀 알지 못하는 사람으로부터 웃는 모습에 호감이 간다면 그 사람은 착한 사람입니다."

또 처칠이 국회에서 연설을 하는데, 누군가가 처칠의 바지 지퍼가 열린 것을 보고 그를 조롱했습니다. 그러나 처칠은 태연하게 말했습니다.

"굳이 해결하지 않아도 별 문제가 없을 것이오. 죽은 새는 새장 문이 열렸다고 밖에 나올 수 없지요."

또 누군가 그에게 지각을 많이 한다고 놀리자 "당신도 나처럼 예쁜 부인을 데리고 산다면 일어날 수가 없을 겁니다"라고 말해 사람들에게 웃음을 주었습니다.

'힘들 때 우는 것은 삼류, 힘들 때 참는 것은 이류, 힘들 때 웃는 것은 일류'라고 합니다. 웃음은 사람을 부드럽게 만들어 줍니다. 쓰레기를 심으면 쓰레기가, 웃음을 심으면 행복의 열매가 열리는 이치를 알아야 합니다.

요한계시록은 신앙 때문에 밧모섬에 유배된 사도요한이 쓴 글로 그리스도의 재림과 새, 하늘과 새와 땅의 분명한 도래를 보여 줌으로써 승리하는 신앙을 가지게 합니다. 요한의 환상 가운데 본 것을 기록한 묵시록입니다. 계시록의 환상은 3막의 가극 형식으로 제1막은 운명의 두루마리, 제2막은 용의 전쟁, 제3막은 새 예루살렘입니다. 이 막들은 각각 고통스러운 장면과 아름다운 장면으로 전개되는데 위대한 합창과 교향곡으로 울려 나옵니다. 어떠한 고난이 다가와도 결국 승리하리라는 저자의 결심을 볼 수 있습니다.

보라 내가 속히 오리니 이 두루마리의 예언의 말씀을 지키는 자는 복이 있으리라 하더라 (요한계시록 22:7)

08

절망과 고난을
하나님의 희망으로 이겨내기

> 고난이 없는 즐거움이란 외줄 타기와 같아 바람이 불고 비가 오면 두려
> 워진다.

고난을 좋아하는 사람은 아무도 없습니다. 그러나 아무런 시련도 맛보지 않은 사람은 진정으로 행복할 수 없습니다.

어느 여행지에 '고난의 나무'가 있습니다. 삶에 지친 순례자들은 이곳에 들러 자신들의 고난의 옷을 걸쳐 놓고 잠시 쉽니다. 그리고 남이 벗어 놓은 고난의 옷이 가벼울 거라 생각해 바꾸려고 하지만 결국 그런 옷은 아무 데도 없었습니다. 사람들은 모두 나만큼, 혹은 나보다 더 힘든 삶을 살고 있으니까요.

인생의 항로를 살펴보세요. 수많은 위기의 강이 펼쳐져 있습니다. 그러나 우리 눈에는 보이지 않지만 안전한, 예수님이라는 배가 있습

니다.

　인생의 역경과 고난은 인생의 순리입니다. 다른 사람을 원망해서는 안 됩니다. 어려운 현실이 주어질지라도 오히려 감사하고 문제의 핵심을 직시하여 아름답게 변화시키는 성숙한 실천이 필요합니다. 역경은 더 큰 축복을 위한 예고편입니다. 적극적이고 진취적인 태도로 다가오는 변화의 물결에 살아남아 각각 이 세상에 나온 목적을 이뤄야 합니다.

　스티브 잡스는 애플 사를 창업하고도, 이후 내부 문제로 자신이 창업한 회사에서 쫓겨나는 수모를 겪었습니다. 하지만 결국 그런 고난들을 이겨내고 화려하게 복귀해서 세상을 깜짝 놀라게 만든 제품들을 선보였습니다.

　C. S. 루이스는 우리 인간들은 다른 동물들과는 달리 고통을 특유의 방식으로 해석한다고 말합니다. 즉 우리는 고통 자체보다 왜 이런 고통이 나에게 닥치게 되었는지, 도덕적인 맥락에서 고통의 타당성을 판단합니다.

　"도덕에 귀먹은 세상을 불러 깨우시는 하나님의 메가폰이 바로 고통이다."

　우리는 고난을 즐거운 마음으로 받아들여야 합니다. 인간의 문제 뒤에는 하나님의 목적이 있습니다. 인간의 좌절은 하나님께서 주신 성공의 출발점입니다. 인간의 질망은 하나님께서 주신 희망의 증거입니다. 내가 변하면 네가 변하고, 네가 변하면 우리가 변하고, 우리가 변하면 하나님이 우리를 도우십니다. 절망을 통해 하

나님의 올바른 뜻을 닮고 예수님의 삶을 살겠다는 결단의 순간이
됩니다.

크리스천의 삶이란?

1. 이웃과 자신을 속이지 않습니다.
2. 이웃이 어려움에 처해 있을 때 내 일처럼 여깁니다.
3. 우리의 사명은 하늘에서 내려 준 것입니다.
4. 자신이 처한 환경을 비난하지 않습니다.
5. 늘 아름다운 미소와 대화를 간직합니다.
6. 내면의 소리를 듣습니다.
7. 나의 힘은 오직 하나님으로부터 나온다는 것을 믿습니다.
8. 고난을 변화로 이겨냅니다.
9. 예수님처럼 살아가는 것입니다.
10. 우리가 기도하면 하나님이 임하신다는 것을 믿습니다.

삼위일체는 성부, 성자, 성령의 세 위격이 하나의 실체인 하나님 안
에 존재한다는, 325년 니케아 회의에서 교회의 정통 신앙의 한 조목
으로 공인되었다. 삼위는 주께서 우리가 원하는 것을 아시기에 결코
간청하기보다는 감사함으로 인정해야 합니다.

내가 그리스도와 함께 십자가에 못 박혔나니 그런즉 이제는 내가 사는
것이 아니요 오직 내 안에 그리스도께서 사시는 것이라 이제 내가 육

체 가운데 사는 것은 나를 사랑하사 나를 위하여 자기 자신을 버리신 하나님의 아들을 믿는 믿음 안에서 사는 것이라 (갈라디아서 2:20)

09

현명한 삶 추구하기

| 하늘은 일을 가지지 않은 사람을 애초부터 만들지 않았다.

현명한 삶이란 무엇입니까?

노자는 물처럼 사는 것이 최상의 삶이라고 말했습니다. 물은 무서운 힘을 가지고 있으면서도 겸손하고, 부드러우며, 무엇과도 화합이 잘 되면서 본질이 변하지 않는다는 것입니다.

인간이나 기업도 마찬가지입니다. 짐 콜린스와 제리포라스의《성공하는 기업들의 8가지 습관》에서는 초일류 기업들이 탄생한 데에는 희귀하고 신비한 자질을 타고났거나, 위대하고 카리스마 넘치는 지도자 한 사람이 회사를 이끌었기 때문은 아니라고 말합니다. 이윤 추구보다도 그것을 넘어서는 비전 기업이 되기 위한 현명한 핵심 이념을 가져야 합니다. 남 보기에 좋고 복잡한 전략을 세우기보다는 그것을 실행시킬 수 있는 기획력이 중요합니다.

워렌 베니스라는 리더십 지도자는 성공하는 CEO와 실패하는 CEO에 대해 다음과 같이 말했습니다.

"나의 가장 큰 소망은 29살에 소프트웨어를 개발하여 백만장자처럼 살면서 휴가도 못간 채 전화기를 붙잡고 소리치고 부자병에 걸려 은퇴할 때에 '이게 전부인가' 라고 중얼거리며 인생을 끝내지 않는 것입니다."

욕심을 버리는 것이 현명한 CEO의 삶입니다.

어느 배에 큰 풍랑이 일자 여행객들은 두려움과 공포로 술렁였습니다. 그런데 유독 조용히 기도를 하고 있는 노인이 한 명 있었습니다. 어떻게 이런 상황에서 요동도 하지 않느냐는 질문에 노인은 조용히 대답했습니다.

"내게는 두 딸이 있었는데 큰딸은 몇 해 전에 하늘나라로 갔습니다. 저는 지금 둘째 딸을 만나러 가는 중입니다. 만일 배가 풍랑을 맞아 뒤집혀 죽게 되면 큰딸을 만나게 될 것이고, 무사히 항구에 도착하면 둘째 딸을 만나기 때문에 나는 아무런 걱정이 없습니다."

현명한 삶이란 철학적, 경제적 차원을 넘어 유행이나 시대흐름에 무조건 따르기보다 내면의 풍부함을 추구하는 것입니다.

일을 완성하신 하나님, 쉼을 즐기시는 하나님, 복을 내리시는 하나님, 거룩하게 하시는 하나님. 일터에서 당신의 지평이 넓어지게 지혜를 주옵소서.

주기도문은 예수님께서 제자들에게 직접 가르쳐 준 글로서, 모든 크리스천이 공동 예배에서 사용하는 주된 기도문으로 사용하고 있습니다. 신약 성서의 〈마태복음〉 6장과 〈누가복음〉 11장에 수록되어 있으며 어떻게 기도하며 무엇을 간구해야 하는지에 대한 모범을 제시합니다. 세상을 살아가는 데 필요한 것은 돈이 아닙니다. 세상의 모든 것이 다 하나님의 것임을 인정하는 것입니다.

우리가 이 보배를 질그릇에 가졌으니 이는 심히 큰 능력은 하나님께 있고 우리에게 있지 아니함을 알게 하려 함이라 우리가 사방으로 우겨쌈을 당하여도 싸이지 아니하며 답답한 일을 당하여도 낙심하지 아니하며 박해를 받아도 버린 바 되지 아니하며 거꾸러뜨림을 당하여도 망하지 아니하고 (고린도후서 4:7-9)

10

인생의 동반자에게
최선을 다하기

> 인생이란 게임에 자기가 가진 것을 모두 걸지 않은 사람은 성공할 수
> 없다.

 문제가 닥쳤을 때 이를 해결하지 못하면 그 문제는 우리를 올무로
몰아넣습니다. 현대인의 외로움을 세 가지로 말하자면 그 첫째가 정
서적인 외로움입니다. 높은 자리에 있는 사람일수록 더욱 그러합니
다. 둘째는 사회적인 외로움입니다. 직장에서 느끼는 소외감이나 열
등감이 그것입니다. 셋째는 실존적인 외로움입니다. 인간이면 누구
나 느끼는 것으로 신앙으로만 이것을 극복할 수 있습니다.
 사람의 역할과 가치는 모두 다릅니다. 특히 남녀 간에는 분명히
차이가 있습니다. 어느 노부부가 이혼을 했습니다. 가장 큰 원인은
상대방의 입장을 전혀 고려하지 않는 성격이었습니다. 이혼을 한 날

마지막으로 닭 요리를 함께 먹었습니다. 남편이 아내에게 날개 부위를 떼어서 주자 부인은 왜 자기 의견도 물어보지 않고 아무거나 주냐고 화를 냈습니다. 사실 남편은 자기가 제일 좋아하는 부위를 아내에게 양보한 것입니다. 그런데 아내는 남편의 마음을 읽지 못했던 것입니다. 개와 고양이가 서로의 표현방법을 이해하지 못해 늘 으르렁대는 것처럼 말입니다.

좋은 부부 관계를 위한 실천 행동

1. 대화에 서로 맞장구쳐 주라.
2. 자존심 상하는 말을 조심하라. 상대방의 가족 이야기를 할 때 특히 조심하라.
3. 말할 때 얼굴을 찌푸리거나 훈계하려고 들지 마라.
4. 상대방의 좋은 점을 찾고 실수한 것을 기억하지 마라.
5. 같은 소리를 두 번, 세 번 하지 마라.
6. 자연을 즐기며 음악을 사랑하라.
7. 기념일을 챙겨라. 이벤트를 잘 활용하라.
8. 격려에 인색하지 마라.
9. 용서하고 겸손하라.
10. 결혼의 목표를 서로 나누어라.
11. 다른 가족 및 이웃과 비교하지 마라.
12. 결혼 전에는 두 눈으로 보았다면 결혼 후에는 한쪽 눈을 감아라.

남자는 여자에게 자신이 첫 남자이기를 바라지만 여자는 남자에게 자신이 마지막 여자이기를 바랍니다.

남자는 자기 애인을 친구의 애인과 비교하는 반면, 여자는 자기 애인을 아버지와 비교합니다.

남자는 잊을 수 있지만 용서하지는 못하고, 여자는 용서할 수 있지만 잊을 수는 없다고 합니다.

남자는 좌뇌를 이용하여 숫자에 강한 판단력을 가지지만 여자는 시각적이고 감정적인 판단을 잘 합니다.

남자는 마음속에 있는 말을 잘 하지 않지만 여자는 쉽게 이야기합니다.

남자는 여자를 성적 관점에서 보며 여자는 느낌으로 남자를 좋아합니다.

남자는 여자의 성격을 보지만 여자는 남자의 주머니를 봅니다.

남자는 자신이 노력하는데 여자가 자기를 위해 조금도 노력하지 않는다며 불만을 가지고 있습니다. 여기서 남자가 말하는 노력이란 여자를 위해 돈을 벌어오고 바쁠 때도 여자를 위해 시간을 내는 것 등을 말합니다. 물론 여자도 동일한 생각을 가지지만 남자에 대해 불만은 없습니다. 이유는 남자는 노력이란 하고 싶지 않은 일을 상대를 위해 참으면서 하는 것이라고 생각하는 반면, 여자는 상대에게 무언가를 베풀 때 그것이 자신을 위해서도 기쁜 일이라고 생각하기 때문입니다.

● 여자는 이국의 땅과 같다. 남자가 아무리 젊었을 때 이주해 왔더라도 끝내 그 습관, 그 정치, 그 언어를 이해하지 못할 것이다. (퍼트모어, 영국 시인)

● 남자가 거짓말 나라의 시민이라면, 여자는 그곳의 귀족이다. (에르만, 바이올리니스트)

이처럼 남녀의 가치관과 역할에 차이가 있는 것이 사실입니다. 사람의 눈에는 흰 부분과 어두운 부분이 있는데, 이것은 인생을 어두운 곳을 통해 밝은 빛으로 보라는 하나님의 섭리입니다. 남자는 여자를 통해 바라보고 여자는 남자를 통해 서로 감사하는 마음이 소통되어야 할 것입니다.

만일 우리가 죄짓지 않고 인생을 살아갈 자신이 있다면, 다른 사람에게 용서를 빌 필요는 없다. 하지만 과연 그럴 수 있을까. 우리는 한낱 인간임을 명심하고, 죄인이라는 사실을 언제나 기억해야 한다. 그리고 주님께 의지해야 한다. 주님의 은혜를 가슴에 품고 평생 감사로 살아야 한다.

긍휼히 여기는 자는 복이 있나니 그들이 긍휼히 여김을 받을 것임이요
(마태복음 5:7)

11

아름답게 늙어 가기

> 가족이 무사하길, 하늘을 우러러 부끄럽지 않길, 그리고 항상 교육에 힘
> 써라. 이 세 가지가 바로 인생의 가장 큰 즐거움이다.

다음은 세계보건기구(WHO)가 발표한 건강에 대한 정의입니다.

"건강은 완전한 신체적 · 정신적 · 사회적 복지 상태입니다. 단순
히 질병이나 결함이 없는 것을 가리키는 것이 아닙니다. 건강은 인
종, 종교, 정치적 신념, 경제적 · 사회적 조건의 차별이 없는 모든 인
간의 기본적 권리의 하나입니다."

건강은 일차적으로 자신을 돌보는 것이지만 이것은 가족과 사회
를 위한 중요한 임무이기도 합니다.

세월은 얼굴에 주름살을 남기지만 의욕과 열정을 가진 자는 영혼
의 주름이 생기지 않습니다. 아름답게 늙기 위해서는 자유롭게 행동

하고 화목한 인간관계를 유지해야 합니다. 건강은 인간의 기초 자산이자 기본적인 권리입니다. 희망이 없는 자는 청년이라도 노인이지만, 노인이라도 희망이 있는 자는 청년이 됩니다.

인간은 자기가 가지고 있지 않는 것에 대해 아쉬워하고 불평하기도 합니다. 지금 손에 쥐고 있는 것을 충분히 즐기지 못하고 하루하루 감사하지 못하면 성숙한 인간이라고 할 수 없습니다.

미래에 큰 행복이 있을 거라고 착각하는 사람이 있습니다. 어린 아이들은 빨리 어른이 되고 싶어 합니다. 고등학생들은 하루빨리 입시지옥에서 벗어나고 싶고, 부모의 간섭이 싫은 아이들은 자유롭게 살기를 바랍니다. 대학생들은 빨리 졸업을 하고 취직을 하면 더 바랄 것이 없을 것 같다고 합니다. 오랫동안 자식들을 위해 일한 부모는 그 의무감에서 벗어나 노후에 한가롭게 살고 싶어 합니다. 그러나 한가한 노인들은 행복할까요? 반대로 그들은 과거를 그리워하며 삽니다. 마흔 살은 서른 살을, 서른 살은 스무 살을 부러워합니다. 그러나 이 모두가 오늘을 살지 못하는 사람들의 핑계이자 자기기만일 뿐입니다. 일을 제대로 못한 것은 기회가 없기 때문이며, 일을 열심히 하지 않는 것은 나이 때문이라는 핑계를 댑니다. 우리가 가진 것은 오늘뿐입니다.

1914년 12월 5일 탐험가 어니스트 새클턴은 28명을 이끌고 남극 대륙 횡단을 위해 배에 올랐습니다. 하지만 목표지점에 가기도 전에 얼음 바다에 갇혀 74일 동안 남극해에서 죽음과 싸워야 했습니다. 대장은 몇 명의 리더를 뽑아 28명의 대원들을 무사히 귀환시켰습니다. 남극해의 탐험이라는 당초 목표는 실패했지만, 구출 생환이라는 두 번째 목표를 성공시킨 것입니다.

우리 인생에도 전반전과 후반전이 있습니다. 전반전을 잘 살지 못해도 후반전을 아름답게 마무리한다면 그것은 성공한 인생입니다. 복 중에도 고종명(考終命, 오복의 하나로 제명대로 살다가 편안히 죽는 것을 이르는 말)이 제일이라 했으니 아름답게 늙어 죽는 것은 참으로 어려운 일입니다.

늙음을 즐기려면 다음의 몇 가지를 실천해야 합니다.

첫째, 학생으로 남으십시오. 배움을 포기하는 순간 우리는 늙습니다. 학교를 졸업한다고, 직장에서 퇴직한다고 늙는 것이 아니라, 하고자 하는 열정을 놓으면 몸도 마음도 쇠약해지는 것입니다.

둘째, 과거를 버려야 합니다. 지나간 과거를 생각하는 시간을 줄이고, 앞날을 설계해야 합니다.

셋째, 젊은 사람에게 양보하십시오. 젊은 사람들의 성공에 박수치고 그들에게 귀감을 보여야 합니다.

넷째, 충고나 부탁을 가급적 하지 말아야 합니다.

다섯째, 삶을 철학으로 대체하지 마세요.

여섯째, 죽음에 대해 자주 말하지 마세요.

일곱째, 노여워하지 마십시오.

여덟째, 핑계를 대지 말아야 합니다.

나는 더 이상 생기와 활력이 넘치는 젊은이가 아닙니다. 나는 명상과 기도에 전념하고 있습니다. 흔들의자에 앉아 보고 약을 복용하고 부드러운 음악을 듣고 우주만물에 대해 생각하기도 합니다. 그러나 이렇게 사는 것은 도전 없는 삶입니다. 나는 발전적인 일을 하고 싶습니다. 매일 결의를 다지고 목적을 가진 삶을 살고 싶습니다. 항상 격려하고 무거운 짐을 진 사람들에게 축복을 빌어 주고, 신앙과 신앙고백에 충실한 삶을 살고 싶습니다. 훌륭한 사람들과 함께 있을 때 아드레날린이 분비되고 자극이 일어납니다. 그들의 눈 속에서 사랑을 볼 때 나는 활력을 느낍니다.

- 고든 헝클리(92세)

우리들 마음에 따라 결정할 수 있는 일들이 많은데도 운명을 탓하고 환경을 이야기하는 것은 어리석은 일입니다. 인생을 짧고 굵게 살 것인지, 가늘고 길게 살 것인지는 오직 마음먹기에 달려 있습니다. 흔들리는 배에서도 곤한 잠을 청할 수 있는 여유를 예수님께서 스스로 보여 주셨습니다. 그리고 이 흔들림은 다시 도약하기 위한 발판이 될 것입니다.

하나님께서 우리의 기도에 응답하신다는 것을 믿어야 한다. 하나님께서는 우리가 구하는 것 이상으로 시기와 형편에 맞게 자비를 베푸시기 때문이다. 그렇다고 우리의 고통만 없애 주시는 것은 아니다. 세속적인 일로 위하여 중보하시는 것은 더더욱 아니다.

나에게 이르시기를 내 은혜가 네게 족하도다 이는 내 능력이 약한 데서 온전하여짐이라 하신지라 그러므로 도리어 크게 기뻐함으로 나의 여러 약한 것들에 대하여 자랑하리니 이는 그리스도의 능력이 내게 머물게 하려 함이라 (고린도후서 12 : 9)

12

진정한
행복의 비밀

| 자기 것을 남에게 주지 않는 자는 자기가 원하는 것도 가질 수 없다.

앨빈 토플러는 21세기를 영성의 시대라고 정의합니다. 지난 날 세계의 고도화와 물질의 풍요, 지식 정보화로 인하여 오히려 인간의 심성은 파괴되었기에 회복을 위해서는 영성이 필요한 것입니다.

행복한 성공이란 무엇입니까? 크리스천의 성공이란 세상의 잣대로 판단하는 것이 아니라 예수님께 인정을 받는 것이라고 봅니다. 폴마이어는 "성공이란 미리 설정한 가치 있는 목표를 점진적으로 실현해 가는 과정"이라고 말했습니다. 참된 성공에는 참된 목표가 있게 마련입니다. 또 성공해서 행복한 것이 아니라 행복하기에 성공한다는 사고의 전환도 필요합니다. 높은 곳에 올라가기 위해서는 가장 낮은 곳부터 시작해야 하는 것처럼 당장 하기 쉬운 것부터 하는 실천력도 뒷받침되어야 합니다.

행복이란 자신이 좋아하는 일을 하는 것이 아니라 자신이 하는 일을 좋아하는 것에 있습니다. 행복은 주어지는 것이 아니라 만드는 것이며, 행복은 미뤄서는 안 되는 것입니다.

- 만일 우리 인생이 단 5분밖에 남지 않았다는 사실을 안다면 우리는 모두 전화기를 붙잡고 자신의 소중한 사람들에게 전화할 것입니다. 그리고 더듬거리며 그들에게 사랑한다고 말할 것입니다. (크리스토퍼 몰리)

- 이 세상에서 참다운 행복은 남에게서 받는 것이 아니라, 내가 남에게 주는 것입니다. 물질적인 것이든, 정신적인 것이든 주는 것이야말로 인간에게 있어서 가장 아름다운 행동입니다. (아나톨 프랑스)

- 인생에서 확실한 것은 아무것도 없습니다. 하지만 일반적으로 다양한 분야에 흥미를 갖고 참여하면 행복의 기회는 많아집니다. (페이 J. 크로스비)

영광을 받고 싶다면 십자가의 무게를 견뎌야 한다. 사랑하는 자식을 갖기 위해 산고의 고통을 겪어야 하는 것과 마찬가지이다. 너의 사랑하는 것을 버려라. 아낌없이, 유쾌하게 그러면 진짜 사랑을 얻을 것이다. 사랑만이 우리의 죄를 속박하신다.

내가 그리스도와 함께 십자가에 못 박혔나니 그런즉 이제는 내가 사는 것이 아니요 오직 내 안에 그리스도께서 사시는 것이라 이제 내가 육체 가운데 사는 것은 나를 사랑하사 나를 위하여 자기 자신을 버리신 하나님의 아들을 믿는 믿음 안에서 사는 것이라 (갈라디아서 2:20)

13

부모님께 효도하며
살아가기

팝 가수 마돈나는 지금 가진 부, 명예를 모두 버리더라도 선택할 것이 있느냐는 질문에 눈물을 머금으면서 '엄마'라고 말했습니다.

어머니를 모시고 사는 청년이 있었습니다. 그런데 어느 날 청년은 퇴근길에 교통사고를 당했습니다. 집에서 저녁을 준비해 놓고 아들이 돌아오기를 기다리고 있던 어머니는 자식이 병원에 있다는 소식을 들었습니다. 몹시 놀란 어머니는 애타는 마음으로 병원에 달려갔는데, 불행하게도 청년은 두 눈의 시력을 모두 잃은 상태였습니다.

의식을 찾은 청년은 세상을 다시는 볼 수 없다는 깊은 절망에 빠져들었습니다. 그는 어느 누구와도 말하지 않고 마음의 문을 철저하게 닫았습니다. 아들의 괴로움을 지켜보던 어머니는 그 아픔을 대신하고 싶었습니다. 그러던 어느 날 청년에게 기쁜 소식이 도착했습니다. 이름을 밝히지 않은 누군가가 그에게 한쪽 눈을 기증하겠다는 것입니다. 하지만 그 사실조차 기쁘게 받아들이지 못할 정도로 그의 심신은 피폐해 있었습니다. 결국 그는 어머니의 간곡한 부탁으로 한쪽 눈을 이식하는 수술을 받게 되었습니다. 그러나 그는 전혀 기쁘지 않았습니다. 그리고 여전히 어머니에게 투정만 부렸습니다.

"엄마, 난 이제 어떻게 해? 애꾸눈으로 어떻게 사느냔 말야!"

하지만 어머니는 그의 말을 묵묵히 듣고만 있었습니다. 시간이 흘러 청년은 드디어 붕대를 풀게 되었습니다. 그런데 붕대를 다 푼 청년은 굵은 눈물을 뚝뚝 떨구며 말을 잇지 못했습니다. 그의 앞에는 한쪽 눈을 가진 어머니가 울고 계셨기 때문입니다.

"너에게 내 두 눈을 다 주고 싶었지만, 네게 짐이 될 것 같아서."

예나 지금이나 자식을 향한 어머니의 사랑은 누구도 흉내낼 수 없는 고귀함을 갖고 있습니다. 이제 자식들에게 새로운 둥지를 내주어야 하는 나이가 되자 새삼 부모님의 마음이 사무칩니다. 우리 격언에 "자식이 효도하면 부모가 즐겁고, 집안이 화목하면 만사가 이루어진다"는 말이 있습니다. 부모가 나를 양육하고 즐겁게 해주었으니 노후에는 내가 부모님을 제대로 모시는 것은 당연한 일입니다.

● 나는 성장하는 과정에서 좋은 스승과 좋은 벗을 많이 만나 큰 도움

을 받았다. 그러나 무엇보다도 아버지로부터 받은 사랑과 교훈, 그리고 모범이 가장 훌륭한 교훈이었다. (포아)

● 내 자식들이 해주기 바라는 것과 똑같이 내 부모에게 행하라. (소크라테스)

● 내가 성공을 했다면 오직 천사와 같은 어머니의 덕이다. (A. 링컨)

● 어머니는 우리의 마음속에 얼을 주고, 아버지는 빛을 준다. (장 파울)

● 자식을 기르는 부모야말로 미래를 돌보는 사람들이다. 세상의 모든 자녀들이 성장할 때 인류와 이 세계의 미래는 조금씩 진보하기 때문이다. (칸트)

사도 바울은 전적으로 자신 맡기기에 주저하지 않았습니다. 그는 하나님 앞에 머리 숙이는 것을 복된 일이라고 했습니다. 하나님은 우리에게 말씀을 전하셨습니다. 한 번뿐인 인생을 죄와 염려로 살기를 원하는지, 행복하게 살아야 하는 권리와 의무를 잃지 말기를 당부하신 것입니다.

너희가 육신대로 살면 반드시 죽을 것이로되 영으로써 몸의 행실을 죽이면 살리니 무릇 하나님의 영으로 인도함을 받는 사람은 곧 하나님의 아들이라 (로마서 8:13-14)

14

늘 경청하기

| 너무 바빠서 하나님의 음성을 듣지 못하는가.

성공하기 위해서는 다른 이의 말을 경청하고 분별해 낼 줄 알아야 합니다.

아무것도 염려하지 말고 오직 모든 일에 기도와 간구로 너희 구할 것을 감사함으로 하나님께 아뢰라. 그리하면 모든 지각에 뛰어난 하나님의 평강이 그리스도 예수님 안에서 너희 마음과 생각을 지키시리라. (빌립보서 4:6-7)

사람의 말에는 네 가지가 있습니다. 입술의 언어인 소리의 말, 머리의 언어인 지식의 말, 가슴의 언어인 감정의 말, 그리고 영혼의 말입니다. 사람의 말이 생명력이 없는 잔소리로 치부되지 않기 위해서는 감정과 영혼이 깃든 말이어야 합니다.

부부 관계에 있어 실천해야 할 세 가지를 꼽으라고 하면, 첫째, 자주 손을 잡고, 둘째, 눈으로 사랑을 표시하면서 상대방의 말을 경청하고, 셋째, 비전을 공유하는 것입니다. 대화란 우리 몸속에 흐르는 혈액과 같아서 생활 가운데 대화가 끊기게 되면 죽은 목숨과 같습니다. 대화의 기본은 말을 잘하는 것이 아니라 경청을 잘 하는 것입니다. 특히 가까운 사람일수록 조심해야 합니다. 또 그러나 말은 늘 신중하게 해야 합니다. 생각 없이 말해 놓고 나중에 후회하는 것은 지나 버린 기회와 같습니다.

다른 사람을 기쁘게 하는 것은 상대방의 마음을 열심히 들어 주는 것입니다. 경청은 의사소통의 가장 뛰어난 기술이면서 문제 해결에 있어 중요한 대안입니다. 경청은 당신을 인정하는 간접적인 호소이며 두 귀로 상대방을 설득하는 것입니다.

코냑의 원료로 쓰는 포도는 그냥 먹기에는 무척 떫다고 합니다. 이런 포도를 수확하여 땅속에서 숙성시키면 본래의 맛과 전혀 다른 천상의 맛이 나옵니다. 코냑은 모두 오크통에서 숙성되는데 최상품과 그렇지 않은 것으로 결정되는 것은 원료의 차이가 아닌 농부의 사랑과 관심이라고 합니다. 요사이 유행하는 경영 기법에 코냑 리더십이라는 것이 있습니다. 코냑을 잔에 따르고 자신의 체온으로 잔을 데워 전하면, 향수처럼 사랑이 전달되어 조직원들의 능력이 배가되고 마음이 하나가 된다고 합니다. 이처럼 상대방의 말을 잘 들어 주고 공감을 표시하는 것이 크리스천의 본분입니다.

효과적인 대화를 위한 열 가지 방법

1. 필요한 말만 하고 단정적인 말을 피해야 합니다.
2. 먼저 긍정적인 대화로 마음의 문을 여십시오.
3. 상황에 적절한 말을 해야 합니다.
4. 우선 상대방의 말을 집중해서 들으십시오.
5. 비언어적 방법으로 애정을 표현하십시오.
6. 논쟁이나 자기 방어, 변명을 하지 말고 말다툼을 피하십시오.
7. '나, 너' 대신에 '우리' 라는 용어를 선택하십시오.
8. 상대의 마음으로 이야기해야 합니다.
9. 하나님의 보석상자인 겸손을 실천해야 합니다.
10. 사랑 안에서 진실을 이야기하십시오.

하나님만이 인생의 척도이며 모든 기준이 되어야 합니다. 하나님을 전적으로 신뢰하고 그분만을 위해 행동해야 합니다. 하지만 그럼에도 일부 교회 지도자들이 우스꽝스러운 일을 하기도 합니다. 교회 문제를 법정으로 끌고 가거나, 돈과 이성 문제로 세상 사람들에게 비웃음을 사기도 합니다. 이제 다시 신실한 기도로 진정한 크리스천의 삶을 살아가야 할 것입니다.

천국은 마치 밭에 감추인 보화와 같으니 사람이 이를 발견한 후 숨겨
두고 기뻐하며 돌아가서 자기의 소유를 다 팔아 그 밭을 사느니라 (마
태복음 13:44)

15

친절의 크기는
행복의 크기와 비례한다

| 친절은 농약 없는 순수 작물처럼, 배워야 할 으뜸 항목이다.

크리스천으로서 친절함을 실천하는 사람들에게는 몇 가지 특징이 있습니다.

첫째, 성숙한 사람은 실천하는 사람입니다.

둘째, 항상 자신을 객관적 입장에서 볼 줄 아는 사람입니다.

셋째, 일관된 목표를 향해 꾸준히 전진하는 삶을 사는 것입니다.

넷째, 인생은 소풍가는 것처럼 즐기는 법을 아는 것입니다.

다섯째, 하나님과 이웃에 대한 소명을 아는 것입니다.

세계적 영화스타 잉그리드 버그만의 묘비에는 "나는 죽는 순간까지 연기했다"라고 적혀 있습니다. 예수님도 십자가에 못 박혀 돌아가시면서도 부모님과 죄인들에게 친절을 베푸셨습니다. 친절도 하나님 없이는 할 수 없습니다. 하나님께서 우리를 쓰시고자 한다면 친절도 함께 주실 것입니다.

갑자기 내리는 소나기를 피하기 위해 행인들이 가까운 건물을 향해 뛰어들기 시작했습니다. 한 노파도 도심 한복판에 있는 백화점 안으로 비를 피해 들어갔다. 이 소박한 옷차림의 노파에게 누구도 관심을 갖지 않았습니다. 그때 한 젊은 직원이 다가와 친절한 목소리로 물었습니다.

"부인, 무엇을 도와드릴까요?"

노파는 겸연쩍은 미소를 지으며 대답했습니다.

"신경 쓰지 마세요. 잠시 비를 피해서 들어온 것뿐이니 금방 나갈 겁니다."

노파는 아무것도 사지 않으면서 남의 영업장에 들어와 비를 피하는 것이 마음에 걸려서인지 머리핀이라도 하나 살까 하고 매장 안을 기웃거렸습니다. 그런데 조금 전의 그 친절한 직원이 오더니 공손하게 말하는 것입니다.

"부인, 일부러 물건을 사실 필요는 없습니다. 의자를 하나 가져다 드릴 테니 입구에 놓고 앉아서 잠시 쉬다 가세요."

잠시 후 비가 그치자 노파는 그 친절한 직원에게 명함을 한 장 달라고 말했습니다. 몇 개월 후, 피츠버그 백화점의 사장인 제임스에게 한 통의 편지가 왔습니다. 편지를 뜯어 본 사상은 깜짝 놀랐습니다. 그 편지에는 스코틀랜드의 성 인테리어를 맡아 줄 직원이 필요하며, 친척이 경영하는 기업의 몇몇 계열사에서 쓸 대량의 사무용품을 구매하고 싶다고 씌어 있었습니다. 주문한 양은 어림잡아도 피츠버그 백화점이 지난 2년간 벌어들인 총 수입금과 맞먹는 액수였습니다.

이 편지를 쓴 사람은 노파였습니다. 그리고 그 노파는 강철왕 카네기의 어머니였습니다. 사장 제임스는 노파의 편지를 이사회에 보고했습니다. 노파에게 의자를 가져다 준 직원은 다름 아닌 평소 친절이 몸에 밴 필립이었습니다.

스코틀랜드로 향하는 비행기에서 필립은 이미 피츠버그 백화점의 중역이 되어 있었습니다. 그의 나이 불과 22세였습니다. 그 후로도 필립은 친절과 성실을 무기로 성공의 대열에 들어섰으며 강철왕 카네기의 전폭적인 신임도 받았습니다. 이처럼 작지만 진실된 친절은 놀라운 일을 가져옵니다.

친절의 크기는 행복의 크기와 비례하는 것입니다.

돈과 신앙생활은 분리될 수 없습니다. 우리가 즐기고 기도하는 주된 주제가 돈이기도 하기 때문입니다. 예수님도 돈에 관해 많은 이야기를 하셨습니다. 십일조는 자신을 위하고 돈의 고민거리에서 벗어나게 하는 확실한 믿음의 고백인 것이다.

너희를 위하여 보물을 땅에 쌓아 두지 말라 거기는 좀과 동록이 해하며 도둑이 구멍을 뚫고 도둑질하느니라 오직 너희를 위하여 보물을 하늘에 쌓아 두라 거기는 좀이나 동록이 해하지 못하며 도둑이 구멍을 뚫지도 못하고 도둑질도 못하느니라 (마태복음 6 : 19-20)

16

성실한 태도로
살아가기

> 제아무리 독수리라도 날개를 치지 않으면 결코 하늘로 날아갈 수 없다.
> 성실한 태도와 훈련만이 당당한 인생을 살게 도와준다.

돌아보면 내 일생에서 가장 큰 장애물도, 가장 골치 아프고 개선하기 어려운 것도 나 자신입니다. 실패의 가장 큰 원인은 자신의 잘못된 생각, 미지근한 믿음, 실천하지 않는 게으름 때문입니다.

태도는 모든 것을 작동케 하는 스위치입니다. 당신이 당신의 태도를 지배하면, 당신의 삶 역시 지배할 수 있습니다. 사실 우리가 직면한 문제 자체보다는 그것을 대하는 태도가 더 중요합니다. 왜냐하면 성공과 실패는 어떠한 태도에 있느냐에 따라 달라시기 때문입니다.

평소 핵심을 파악하고 바른 질문을 할 수 있는 능력과 남의 말을 잘 들어 줄 수 있는 태도가 갖춰져 있다면 이를 통해 문제는 절로 해결될 수 있습니다. 올바른 행동 방향과 삶의 초점을 위한 다음 질문에 스스로 답해 보세요.

1. 자신의 가치를 전하는 비결을 알고 있습니까?

'메이시'라는 미국의 소매상은 종업원들이 모든 손님에게 친절하게 묻고 대답합니다. 또한 최고급 상품을 진열하고, 값싸게 팔고, 무료 주차장까지 만들었습니다. 자신의 가치를 감동적으로 전할 때 수입은 저절로 따라오는 것입니다. 또 이미 성공한 사례를 배우고 연습하는 것도 좋은 방법입니다.

2. 과연 당신은 성실하게 살고 있습니까?

우리는 성경 공부와 기도와 묵상을 통해 영혼의 참된 주인이 전하고자 하는 말을 들어야 합니다. 하나님께서 주시는 복을 담을 수 있게 마음을 비워 놓아야 합니다. 운동선수들이 습관적으로 매일 몸을 푸는 것처럼 수시로 영혼을 위한 운동을 해야 합니다. 우리의 주인은 자발적인 의지와 사랑으로 우리의 앞날을 환하고 밝게 책임져 주십니다.

3. 당신은 변화에 어떻게 대응하십니까?

한번 사는 세상, 정직하고 어디에서든지 시의적절한 존재가 되도록 당신의 가치를 높이며 앞으로 전진하십시오.

성경 다음으로 많이 팔린 천로역정을 쓴 존 번연은 가난한 땜장이었다. 자격증도 없이 설교한다고 해서 12년간 옥고를 치렀지만 옥중에서 하나님의 부르심을 받는 자로서 겪게 되는 고통과 고뇌조차 영광스럽다고 고백하였다. 모든 직업이 신성하지만 복음을 전파하는 사역이야말로 중요하다고 한다. 시대의 변천에 따라 전도하는 방법이 달라질 수 있겠지만 성령님은 은사와 능력을 땅에 묻어 주는 것을 원하시지 않는다. 전도에 낙망하거나 사탄의 공격에서 벗어나 양적인 자녀를 해산하는 수고를 아끼지 말아야 한다.

누구든지 주의 이름을 부르는 자는 구원을 받으리라 그런즉 그들이 믿지 아니하는 이를 어찌 부르리요 듣지도 못한 이를 어찌 믿으리요 전파하는 자가 없이 어찌 들으리요 (로마서 10:13-14)

17

열정적으로
살아가기

| 지휘관이 병사들에게 해줄 수 있는 가장 큰 보배는 단순하다. 열정과
훈련을 강조하는 것이다.

열정은 에너지, 신념, 희망의 힘이며 비전 실현을 위해 지속시키
는 추진력입니다. 세상의 요청과 개인의 능력이 합쳐질 때 강한 열
정이 생기며 예수님과의 내면의 소리가 교류할 때에는 가속도의 힘
이 생깁니다.

웨슬레 목사는 삶의 4V를 꿈(Vision), 모험(Venture), 열정(Vitality),
승리(Victory)라고 말했습니다. 누구나 인생의 곡선을 그리면서 삽니
다. 어떠한 어려움과 위험을 만나도 멈추거나 피하지 않고 처음의
목표를 향해 뚜벅뚜벅 나갈 수 있게 하는 에너지의 원천이 열정입니
다. 열정은 어떤 성공의 가르침보다 강렬한 것으로 당신의 변하지

않는 후원자인 셈입니다.

당신이 쟁취해야 하는 것은 열정에 대한 열망입니다. 열정을 실천하는 것과 다음으로 미루겠다는 생각의 차이는 작습니다. 그러나 진정으로 성공하고 싶다면 자신의 게으름과 싸워서 이겨야 합니다.

여기서 흥미로운 사실은 인간은 하지 않으면 그냥 손해 보는 것이 없다고 생각하지만 사실 우리가 알지 못하는 순간에 성취감과 열망의 불꽃이 사라져 우리가 가진 가장 값진 소유물보다 더 중요한 것을 잃어버리게 됩니다.

열망을 갖기 위한 두 가지 중요한 열쇠가 있습니다.

첫째, 당신이 지금 가지고 있는 것에 대한 반성과 진실된 삶입니다.

둘째, 진정 당신이 원하는 열망을 누구로부터 얻어야 하느냐 입니다. 성취감과 열정의 가슴을 가진 야곱은 삼촌집에서 고단한 생활을 하면서도 힘들어 하지 않았습니다. 하나님의 음성을 들은 아브라함은 주변에서 일어날 고난과 세상의 시간과도 타협하지 않고 삶의 터전을 과감히 떠나는 용기를 가졌습니다. 때로는 무질서와 우연으로 좋은 결과를 얻기도 하지만 그것은 순간의 행운에 불과합니다.

우리는 지금 어디에 안주하고 있습니까? 혹시 하나님에 대한 처음의 열정이 사라졌는지 확인해 보세요. 열정이 있어야 가슴속에 있는 영감을 깨울 수 있습니다. 열정 있는 청년의 마음을 가지고 사는 것이 무엇보다 중요합니다.

중요한 것은 당신이 원하는 것이 무엇인가를 정확하게 알고 진정으로 원하는 그것의 문을 두드리는 것입니다. 하지만 열정을 깨우기 위해서는 과감한 혁신이 필요합니다. 고정관념과 현실에 대한 안주에서 벗어나야 하고, 부정적인 생각을 버려야 하며, 실천에 옮길 수 있는 용기를 가져야 합니다. 자신에게 가장 필요한 순간에 용기를 내어 대처하십시오.

날로 깊어가는 예수님에 대한 사랑과 열정으로 '해야 한다'라는 의무감 대신 '하고 싶다'라는 의지가 충만해지기를 바랍니다.

'요셉'이라는 이름의 뜻은 '하나님께서 더 하시리라'로, 라헬이 낳은 첫 아들이다. 그는 꿈이 있는 사람으로 요셉이 다시 꿈을 꾸고 그 형들에게 고하여 가로되 내가 또 꿈을 꾼즉 해와 달과 열 한 별이 내게 절 하더이다 하니라 그 형들은 시기하되 그 아비는 그 말을 마음에 두었더라 하지만 형들의 시기로 인해 애굽으로 팔려갔지만 하나님이 함께한 자로 애굽의 총리가 되어 훗날 이스라엘을 구원하였다.

요셉이 자기 음식을 그들에게 주되 베냐민에게는 다른 사람보다 다섯 배나 주매 그들이 마시며 요셉과 함께 즐거워하였더라 (창세기 43:34)

18

책과 사랑하며
살아가기

│ 육신을 위해 음식을 먹는다면 영혼을 위해 독서를 해야 한다.

외국의 유명 대학에 자녀를 입학시킨 부모에게 자녀교육의 비책을 묻자 "어렸을 때부터 책 읽는 습관을 가르쳤다"고 말했습니다. 실제로 많은 부모들은 아이들이 학원에 쫓겨 좋은 책을 많이 읽지 못하고 스스로 책을 읽는 습관을 길러주지 못한 것을 후회하고 있습니다.

인터넷 시대에 독서의 힘에 의문을 가지는 사람도 많습니다. 그러나 독서의 위력은 변하지 않았습니다. 독서는 많은 정보를 주고 숨겨진 재능을 남김없이 발산할 수 있도록 이끌어 줍니다. 또 창의력과 상상력을 길러주며, 인간의 경영 노하우를 알게 하기도 합니다. 현대에서는 많은 정보의 선별 능력이 중시되고 있습니다. 이러한 판단력은 독서를 통해 기를 수 있습니다. 또한 언제든지 과거와 미래를 넘나들 수 있는 행복의 길을 열어 주는 것이 바로 독서입니다.

사람들은 어떤 문제에 부딪쳤을 때 여러 가지 반응을 보입니다. 부정적인 사람, 우유부단한 사람, 결심을 하지만 실천으로 옮기지 못하는 사람, 무슨 일이든지 믿음을 가지고 적극적으로 달려가는 사람이 있습니다. 우리가 세상의 모든 것을 경험할 수는 없습니다. 간접경험이 필요합니다. 이때 책을 통해 가장 확실한 방법을 찾을 수 있습니다. 누구에게나 배울 것이 있습니다. 이처럼 삶을 살면서 성공과 실패, 좌충우돌하면서 얻은 경험들을 책으로 만들었다면 그 가치는 대단합니다. 한두 시간의 노력만으로 다른 이가 평생 만든 경험과 교훈을 가진다는 것은 독서의 매력이자 위대함입니다.

빌 게이츠는 "내가 살았던 마을의 작은 도서관이 오늘날의 나를 만들었다"라고 말했습니다. 매일 밤 한 시간씩, 주말에는 두세 시간씩 책을 읽으려고 노력하고 출장 중에도 책을 꼭 챙긴다고 합니다.

영국의 수상 윈스턴 처칠은 "나의 가장 큰 즐거움은 책 읽기였다"고 말했습니다. 아시아 최고 부자, 청콩 그룹 회장인 리카싱도 잠자기 전에 책을 읽는데 독서의 주제는 역사, 경제, 철학입니다. 독서를 통해 만나는 무한한 사상과 자유가 창의력과 영감의 원천이 되는 것입니다.

민들레 영토의 지승룡 대표는 목사 출신이지만, 이혼한 목회자를 반기는 곳이 없었습니다. 할 일이 없어 도서관에 매일 출근하다시피 하면서 여러 종류의 책을 섭렵했습니다. 수험생처럼 스크랩하며 3년 동안 2,000여 권의 책을 읽었습니다. 이것이 카페 문화공간 '민들레 영토'의 밑거름이 되었습니다.

철학자 안병욱 씨는 책에 대해서 이렇게 말했습니다.

"인류의 뛰어난 과거의 혼들은 책 속에 살고 있습니다. 책은 진리의 창고입니다. 지혜의 저장소요, 사상의 삼림이요, 말씀의 바다요, 영혼의 서식처요, 정신의 향연장입니다. 인간이 만든 발명품 중에서 책처럼 위대하고 귀중하고 영원한 것은 없습니다."

독서에 관한 명언

1. 사람은 책을 만들고 책은 사람을 만든다.
2. 얼굴이 잘생기고 못생긴 것은 운명 탓이나, 독서의 힘은 노력으로 갖추어질 수 있다.
3. 책은 청년에게는 음식이 되고 노인에게는 오락이 된다. 부자일 때는 지식이 되고, 고통스러울 때는 위안이 된다.
4. 책은 한 번 읽었다고 그 구실을 다하는 것이 아니다. 재독하고 애독하며 다시 손에서 떼어 놓을 수 없는 애착을 느끼는 데서 위대한 가치를 발견한다.
5. 독서는 정신적으로 충실한 사람을 만든다. 사색은 사려 깊은 사람을 만든다. 그리고 논술은 확실한 사람을 만든다.
6. 책이 없는 궁전에서 사는 것보다 책이 있는 마구간에서 사는 것이 낫다.

우리 몸속에는 기생충이 삽니다. 아무 일도 하지 않고 우리에게 필요한 영양분을 빼앗습니다. 인간 사회에도 아무 일도 하지 않고 남에게 붙어사는 사람을 기생인간이라고 합니다. 권리에는 책임이 따릅니다. 하나님의 자녀라는 특권을 받았으면서도 독서를 게을리 하는 나쁜 습관이 있다면 빠져나와야 합니다. 우리가 어려운 상태에 머물고 있는 것은 절망하였기 때문이며 절망은 독서를 하지 않은 결과입니다. 자신의 몸을 100% 영성, 100% 독서의 마음으로 채웠으면 합니다.

야곱은 발뒤꿈치를 자은자의 뜻으로 형의 발꿈치를 잡았다는 것이다. 야곱은 형의 장자의 명분을 사서 장자의 명분을 취득하였다. 이것으로 형을 피하여 하란으로 도피하였다. 그는 사닥다리 환상을 보고 거기서 유숙하려고 그곳의 한 돌을 취하여 베개하고 거기 누워 자더니 꿈에 본즉 사닥다리가 땅 위에 섰는데 그 꼭대기가 하늘에 닿았고 또 본즉 하나님의 사자가 그 위에서 오르락내리락하고 있었다. 얍복강 가에서 씨름하여 이름을 바꾸었다. 오늘날 이스라엘인 것이다. 그는 하나님이 함께하심으로 큰 민족의 조상이 되었다.

야곱이 또 이르되 내 조부 아브라함의 하나님, 내 아버지 이삭의 하나님 여호와여 주께서 전에 내게 명하시기를 네 고향, 네 족속에게로 돌아가라 내가 네게 은혜를 베풀리라 하셨나이다 (창세기 32:9)

Chapter 5

하나님이 주신
사명을 소망하라

88 Things to Do Before Christians Die

하나님이 우리에게 주신 임무, 특별히 맡기신 거룩한 사명은 무엇입니까?

세상에 똑같은 사람이 하나도 없는 것처럼 하나님은 모든 인간에게 각자의 사명을 주셨습니다. 하지만 삶이 쳇바퀴 속의 다람쥐처럼 단순하다고 불평하고, 기계 앞에 놓인 인간의 고민으로 낙심하고, 풀기 어려운 인간관계와 대중 속에서의 고독으로 인하여 몸부림치지 않았습니까? 만일 하나님이 주신 사명을 깨닫게 된다면 인생은 즐기며 살 만한 가치가 있습니다. 물론 어떤 이에게는 사명이 내포하는 의미가 거창하여 그 삶에 부담을 줄 수도 있습니다. 그러나 그 역시 그 사람이 견딜 만하고, 감당할 만하기 때문에 그만큼의 사명을 준 것입니다.

각자의 달란트로 하나님께 약속한 바를 실천하면 그것이 바로 각자의 사명이 됩니다. 분명한 삶의 목적과 꿈이 있을 때 그 삶이 의미 있고 행복해지듯이 신앙에도 사명이 있었으면 합니다.

01

거룩한 선택,
소명받기를 즐거워하기

> 크리스천이란 하나님의 뜻대로 부르심을 입은 자들로서 해야 할 소명
> 과 책임을 즐겨야 한다.

크리스천이란 하나님께서 뜻하신 바 있어 세상에 태어나게 하셨
고, 하나님의 뜻을 펼치는 귀한 존재로 삼은 사람들입니다. 따라서
내 뜻대로 사는 것이 아니라 하나님의 뜻에 따라 소명을 알고 기쁨
을 누려야 합니다. 천하보다 더 귀한 존재로 유일한 최고의 삶을 누
려야 하는 이유이기도 합니다. 영국의 성서신학자 윌리엄 버클레이
는 말했습니다.

"진정한 그리스도인은 하나님의 부르심에 기꺼이 동참하는 자
이다."

하나님이 우리를 구원하사 거룩하신 소명으로 부르심은 우리의 행위대로 하심이 아니요 오직 자기의 뜻과 영원 전부터 그리스도 예수 안에서 우리에게 주신 은혜대로 하심이라 (디모데후서 1:9)

어떻게 하는 것이 하나님 뜻대로 사는 것일까요?

첫째 다윗의 고백처럼 즐거움을 원천으로 하면서 주의 뜻을 행하는 것입니다.

나의 하나님이여 내가 주의 뜻 행하기를 즐기오니 주의 법이 나의 심중에 있나이다 (시편 40:8)

산다는 것이 봄날의 날씨처럼 포근하고 사랑스럽지만은 않습니다. 때때로 근심과 광풍으로 포기하거나 낙심하거나 주님을 원망할 때도 있지요. 하지만 이때가 바로 하나님 앞에 나오라 문밖에서 서서 두드리는 주님의 음성을 들을 때입니다. 하나님 앞에 서 기도로 부르짖으면서 허물을 용서받고 주신 소명을 발견하는 것입니다. 이런 고백이야말로 창조주 하나님의 응답을 받을 수 있는 절호의 기회가 됩니다.

누구나 피하고 싶은 고난이라도 곰곰이 생각해보면 축복을 위장한 포장지에 불과하다고 봅니다. 찬란한 봄의 기쁨을 기다리는 것도 추운 날씨 덕택이지요? 진정 사랑하는 자식을 아낀다면 당장 먹을 물고기를 줄 것이 아니라, 물고기 잡는 방법을 가르쳐주는 것과 마찬가지입니다. 파란 눈의 중국인 선교사 허드슨 테일러는 고백합니다.

"고난과 어려움 가운데에서도 하나님의 법을 지킬 때 저주가 축복으로 바뀌고 평안과 위로를 얻게 된다."

미국 IBM의 창립자 토마스 왓슨은 "복을 받으려면 만물을 지으신 하나님의 관심의 대상이 되라. 하나님의 일을 하나님의 방식으로 행할 때 그의 복을 받는다"라고 말했습니다. 내 방식대로 사는 것이 아니라 하나님의 방식대로, 하나님 뜻대로 살 때 하나님께서 축복을 허락하여 주신다는 것입니다.

두 번째, 기도에 힘써야 합니다.

선택받기 원한다면 고요한 기도가 필요합니다. 진정한 기도란 내 뜻을 성취시켜달라는 것이 아니라 하나님의 뜻을 구하고 그 뜻대로 살기를 결심하는 것입니다. 가장 위대한 진리는 무슨 일을 하든지 하나님의 뜻을 알도록 기도하고 즐겁게 살아가는 것입니다. 그분 말씀대로 살고 충성하면 하나님께 크게 쓰시기 때문입니다.

세 번째, 비전 있는 삶을 살아야 합니다.

고대 로마 정치가 세네카는 목표의 중요성에 대하여 이야기합니다.

"어느 항구를 향해 갈 것인지 생각하지도 않고 노를 젓는다면 결코 어느 항구에도 도착할 수 없다."

삶의 비전과 목표가 없이 아무리 바쁘고 열심히 살아도 행복할 수 없습니다. 신앙도 이기는 전략을 구사해야 합니다. 하나님이 주신 비전과 소명감으로 목표를 향해 의심 없이 앞으로 뚜벅뚜벅 나가야 합니다.

하나님의 형상으로 지음 받은 우리들은 비저너리(visionary)입니다. 당신의 생각과 비전을 하나님께 고정시키면 반드시 역사가 일어납니다.

> 너희 안에서 행하시는 이는 하나님이시니 자기의 기쁘신 뜻을 위하여 너희에게 소원을 두고 행하게 하시나니 (빌립보서 2:13)

근대 철학의 아버지로 유명한 데카르트도 비전에 관하여 "행복하기 원하는 사람은 행복의 그림을 그리고, 성공하기 원하는 사람은 성공의 그림을 그리고, 축복받기 원하는 사람은 축복의 그림을 그려라. 인생은 당신이 생각하고 그린 대로 이루어진다"라고 했습니다.

네 번째, 오만에서 벗어나 겸손해야 합니다.

'겸손(humility)'이란 단어는 라틴어 '후무스(humus)'에서 나왔습니다. 후무스란 색이 짙고 영양분과 유기질이 가득 포함되어 있는 흙을 의미하며, 인간도 흙에서 탄생하듯이 겸손이 풍성한 흙의 역할을 하여 우리를 성장시키는 밑거름이 되는 것입니다. 우리는 '나와 다른 것은 틀렸다'는 고정관념의 틀에 갇혀 분노와 걱정의 허우적거림에서 벗어나지 못하고 있습니다. 예수님이 이 땅에서 보여주신 겸손함은 인간의 멘토로서 하나님의 마음을 표현한 것입니다.

겸손과 여호와를 경외함의 보상은 재물과 영광과 생명이니라 (잠언 22:4)

고통 중에 울부짖는 이스라엘을 구원하기 위해서 하나님은 모세를 선택하셨습니다. 모세는 자기 동족 히브리인의 고통을 안타깝게 여겨 애굽인을 죽이고 바로의 추격을 피해 다니는 왕족이었습니다. 미디안 광야에서 은둔하며 목자 생활을 하던 사람이었습니다. 그런 모세를 하나님은 호렙산으로 불렀습니다. 모세는 하나님 뵙기를 두려워하며 하나님께 변명으로 일관했지요. 하나님이 모세의 지팡이를 뱀으로 변하게 하고 품속에 품었던 손을 나병에 걸리게 했다가 고치는 이적을 본 후에야 모세는 하나님께 겸손하게 나아갔습니다.

오 주여 보낼 만한 자를 보내소서 (출애굽기 4:13)

하나님은 끝까지 모세의 변명을 들어주시고 말 잘하는 아론을 붙여주셨습니다.

이처럼 하나님이 하신다면 무슨 일이든지 역사하십니다. 문제는 겸손한 마음, 가난한 마음으로 교만의 문턱을 넘어야 합니다.

행복의 반대말은 '불행'이 아닌 '비교'가 아닐까요? 사명을 감당하지 못하는 이유를 능력 부족이나 환경 탓으로 돌리지 마세요. 남과 자신을 비교하는 것은 자신을 왜소하게 할 뿐만 아니라 하나님의 능력을 제한하는 죄입니다. 의심과 교만의 싹을 잘라버리세요. 겸손과 순종만이 우리에게 요청되는 사명입니다. 내게 능력을 주시는 분 안에서는 모든 것을 할 수 있습니다.

모든 것이 합력하여 선을 이룹니다. 세상에서 성공하는 제1법칙이 '혼자 밥 먹지 말라'인 것처럼 선을 행하되 낙심하지 말고 포기하지 않으면 어느 때에 이르러 과실을 거둘 것입니다. 이탈리아의 신학자 토마스 아퀴나스는 "하나님은 어떤 악이든 선으로 바꿀 수 있을 만큼 강하시다"라고 했습니다. 이처럼 하나님은 어떤 것이든 바꿀 수 있는 전지전능한 분입니다.

때가 되면 거두리라 (갈라디아서 6:9)

02

상상력과 창의성,
탁월한 삶 누리기

| 하나님과의 약속이 다 이행될 때까지 창의성과 축복을 갈망하라.

　세상에는 두 종류의 사람이 존재합니다. 하나님을 인정하는 자와 세상 편에 속해 하나님과 무관하게 사는 사람입니다. 크리스천이라고 해서 늘 승리하지는 않습니다. 그럼에도 불구하고 하나님을 붙들고 지혜와 은혜를 구하는 이유는 21세기 최고 전략으로 등장한 상상력과 창의성으로 세상을 이기기 위함입니다.

　상상력은 실제로 경험하지 않은 현상이나 사물을 마음속으로 그려 보는 힘입니다. 뇌 과학자 안드레아센은 인류 최고의 가치 중의 하나인 창의성에 대해 다음과 같이 기술합니다.

　"인류는 애초부터 창의성을 갖고 있었다. 그들은 존재하지 않는 것을 볼 수 있었다. 그들은 상상할 수 있었고, 아름다움을 갈망하고 하늘을 탐구하고 동물과 식물을 연구하였다. 그들은 그들보다 더 큰 존재와 힘을 상상할 수 있었는데, 그것이 인류 발달의 길잡이가 되었다. 그들은 생존의 보장할 수 있도록 도덕적 규범을 만들고 그것을 더 높은 수준으로 승화시켰다."

상상력과 창의성은 항상 우리 가까이 있습니다. 그런데도 생물학자 리처드 도킨스는 안타깝게도 진화를 주장하면서 '만들어진 신' 이야기를 합니다. 나는 처음부터 마지막까지 함께 하시는 분, 내가 사는 세계를 확실히 이해하고 싶고, 가급적 정신을 최대한 깨우기 위해 그분의 창의성과 상상력을 신뢰합니다. 그러기 위해서는 일상의 편리함과 익숙함에서 벗어나 '진짜' 세상의 진실을 알기 위한 신앙의 바다에 풍덩 몸을 던져야 합니다.

최근 불황 속에 소규모 자영업자들의 폐업 사례가 늘어가고 있습니다. 소상공인 경기실사지수(BSI)가 금융위기 직후인 2009년 1월과 비슷한 수준을 보여 체감 경기가 매우 어려운 것으로 나타났습니다. 반면 1,000억 원 이상의 매출을 기록한 벤처기업들은 더 늘어나 불황 중에 망하는 기업은 망하지만 잘되는 기업은 잘되는 양극화 현상이 일어나고 있습니다. 이런 차이가 나는 것은 시대의 메가트렌드인 창의성과 상상력 때문이 아닌가 생각됩니다.

2014년 9월 19일, 15억 중국인 중에서 또 한 명의 거부가 탄생했습니다. 온라인 상거래 기업 '알리바바'의 창업주 마윈이 그 사람입니다. 뉴욕거래소에 상장된 알리바바 주식의 시가 총액이 241조를 기록한 것입니다. 마윈은 개인 재산만 28조입니다. 이전까지 무명인 그가 어떻게 중국을 이끄는 리더가 되었을까요?

공부를 잘해서? 아닙니다. 그는 삼수를 했는데도 시험 성적이 필요 없는 하위권 대학에 들어갔습니다.

집안이 부자여서? 로또 맞았나요? 그의 아버지는 경극 배우였고, 그는 5년 동안 월급 1만 5천 원을 받는 평범한 영어 교사였습니다.

잘 생겨서? 그는 잘 생기지도 못하여 KFC 매니저 면접에도 떨어졌습니다.

그는 이렇게 말했습니다.

"당신이 가난한 것은 야망이 없기 때문이다."

상상력과 창의성이 없었다면 오늘날 그의 성공도 없었을 것입니다.

창의성의 아이콘인 애플의 스티브 잡스는 자신이 만든 회사에서 쫓겨나는 수모도 겪었지만 이에 굴복하지 않고 재기에 성공하였습니다. 그는 스마트폰으로 애플의 수익을 천 배나 늘렸습니다. 어떤 기자가 "어떻게 당신은 회사의 자산을 1,000배 이상 늘렸습니까?"라고 묻자 스티브 잡스는 "성공했다고 안주하지 말고 계속 도전"하는 것이 그 비결이라고 답했습니다. 그의 명언 중에 또 기억나는 말이 있습니다. "뒤를 돌아보는 일은 그만 합시다. 우리에게는 내일이 중요합니다. 뒤를 돌아보면서 해고당하지 않았으면 좋았을 텐데. 내가 거기 있었으면 좋았을 텐데. 내가 그것을 했어야 하는데……" 신앙도 이와 마찬가지입니다. 쟁기를 뒤로하고 김을 맬 수 없는 것처럼.

오늘날 가장 주목받는 기업이 아마존닷컴입니다. 아마존닷컴의

제프 베조스 회장은 미래를 내다보는 창조적인 발상으로 불가능을 가능으로 만든 장본인입니다. 처음 시작은 온라인으로 서적만 판매했지만 지금은 세계에서 가장 많은 회원을 가진 온라인 백화점입니다. 베조스는 킨들(Kindle)이라는 태블릿을 통해 책과 음악과 영화를 공급하여 기존의 대형서점인 '반스 앤 노블'과 CD 음반계 및 영화업계를 휘청거리게 했습니다.

창의적 기업가들은 전략을 신앙생활과 연결하고자 합니다.

첫째, 그들은 고객이 시장을 찾아오는 것이 아니라 시장이 고객을 찾아가는 시스템으로 만들었습니다. 그들에게 고객은 왕으로, '좋은 상품을 빨리 배달하라' '경쟁자와 가격이 아니라 서비스에서 차이를 내라' '고객의 반품이나 불평을 손해 보더라도 즉각 해결하라'며 회사보다 고객을 더 생각합니다. 신앙인도 자신보다 교회를, 전도의 대상자들을 먼저 대접해야 합니다. 홀로 고고한 신앙생활을 누리는 것은 그분의 뜻이 아닙니다.

둘째, '변화하지 않으면 절대 살아남을 수 없다'는 사명감을 가져야 합니다. 그들은 보통 기업들이 추구하는 수익이 목표가 아니라, 어떻게 하면 꿈을 달성할 수 있는지를 최대 관심사로 삼습니다. 경영자가 이익에만 몰두하게 되면 직원들이 창의성과 상상력을 발휘하지 못합니다. 신앙인도 벤처정신으로 나가야 합니다. 내가 누릴 복에 급급한 신앙생활은 온전하지 않습니다. 좁은 곳을 떠나 넓은 곳으로, 메가트렌드의 파도를 넘어 믿음의 사명을 되찾아야 합니다.

우리의 삶은 어떻습니까?

"월스트리트를 점령하라(Occupy wall street)"는 구호에서 알 수 있는 경제적 불평등과 사회적 차별, IS 테러, 북핵문제, 청년실업자 급증, 유럽의 경제위기 빈발, 교회의 세속화 등으로 사회가 어수선합니다. 체념과 낙담 속에서 하나님의 축복에 대한 상실감마저 사라진 어려운 시대를 살고 있습니다. 하지만 이럴수록 더욱 하나님의 약속을 믿고 하늘나라의 상급을 사모하는 최우선 순위의 전략을 세워야 할 것입니다. 미국의 사상가 에머슨은 "자신의 유익을 바라지 않고 진실로 남을 헤아리고 베푸는 자는 하나님의 가장 아름다운 상급을 받을 것이다"라고 말했습니다.

영국의 종교개혁가 존 녹스는 실천을 강조합니다.

"하나님과의 약속을 다 이행할 때까지 잠시도 쉬지 말라. 하나님도 쉬지 않고 우리를 돌보신다."

5만 번 이상의 기도응답을 받은 영국의 조지 뮬러는 아버지의 주머니를 상습적으로 뒤져 돈을 훔칠 정도로 문제아였지만 끝없는 창의적인 기도로 지도자가 되었습니다. 그는 어려울 때일수록 하나님께 기도하라며, "우리가 가장 연약할 때 부르짖어 구하는 기도에 성령의 능력은 나타나게 된다"고 했습니다.

창의성과 상상력은 그분과의 관계를 더욱 돈독히 유지시키며 탁월한 축복의 통로가 될 것입니다.

산상수훈은 마태복음 5장에서 7장에 등장하는데, 예수의 선교활동 초기에 갈릴리의 작은 산 위에서 제자들과 군중에게 행한 설교로 '성서 중 성서'로 일컬어집니다. 산상수훈은 윤리적 행위에 대한 예수의 가르침을 집약적으로 잘 드러내어 그리스도인들의 윤리 행위의 지침이 되고 있습니다. 주요한 내용은, '팔복(八福)'을 서두로 인간의 의무, 자선행위, 기도, 금식(禁食), 이웃 사랑 등에 관한 예수의 가르침입니다. 이는 예수를 만날 수 있는 좋은 기회입니다. 참된 종교적 신앙생활의 내면적 본질에 관한 가르침이 비유로 설명되어 있습니다.

구하라 그러면 너희에게 주실 것이요 찾으라 그러면 찾을 것이요 문을 두드리라 그러면 너희에게 열릴 것이니 (마태복음 7:7)

03

감사함과 믿음의
푯대를 향해

| 축복을 받고 싶다면 감사와 믿음의 사람이 되어야 한다.

인생 1막이 태어나서 부모의 손에 의해서 교육받고 결혼하기 전까지 배움의 시기라고 한다면, 2막은 아이 낳고 가정을 책임지며 결혼시키는 책임의 시기가 되며, 인생 3막은 일에서 은퇴하고 노후를 즐기는 자아실현의 시기로 구분할 수 있습니다.

필자도 이렇다한 결과를 내지 못한 채 후회의 삶을 살았지만, 환갑을 맞이하여 다음 몇 가지를 결심하고 실천하려고 합니다.

첫째, 친구들 100명에게 식사 대접하면서 친구로 삼아준 것에 감사를 표하려고 합니다. 올바른 신앙인은 감사의 습관화가 된 사람입니다. 하나님과 이웃에게 감사하는 것은 인생의 도리이자 축복입니다. 세상 떠날 때 가지고 갈 것은 오직 감사의 마음뿐입니다. 하나님은 감사하는 마음의 정도에 따라 축복의 크기를 결정하실 것입니다. 감사가 작으면 축복도 작고, 감사가 크면 축복도 커지는 것입니다.

두 번째, 자원봉사를 100시간 이상 해서 사회에 보답하고자 합니다. 웃기는 말로 "세상에서 가장 멋지고 자랑스러운 사자는? 바로 '자원봉사'"라고 합니다. 받는 사람보다 봉사하는 사람에게 더 큰 기쁨이 넘칩니다. 예수가 권하는 봉사를 귀히 여겨야 합니다. 우리가 남을 도울 때 하나님이 우리를 돌보십니다. 끊임없이 남을 위해 봉사하는 곳에서 정의로운 사회도 꽃이 핍니다.

서로 대접하기를 원망 없이 하고 각각 은사를 받은 대로 하나님의 각양 은혜를 맡은 선한 청지기같이 서로 봉사하라 (베드로전서 4:9-10)

세 번째, 성경과 역사 속의 예수님의 교훈을 깨닫게 하는 책을 발간하고자 합니다. 재물과 사업, 인품은 금방 잊혀지지만 책은 오랫동안 남기 때문입니다.

로마의 철학자 어거스틴은 "즐거운 마음으로 남에게 베푸는 자에겐 하나님의 넘치는 축복이 함께한다"고 했습니다. 지식과 경험을 통한 지혜를 나누는 것은 소명의 일종입니다. 인간은 책을 만들고 독서는 인간을 만듭니다.

어거스틴은 또 "성경에서 증언하는 예수님을 믿으면 구원을 받는다"라고 말했습니다. 미국의 대통령 링컨, 오바마도 매일 하나님의 말씀인 성경을 읽고 부르짖어 기도한다고 합니다.

넷째, 믿음을 순종하는 생활을 하고자 합니다. 프랑스 사상가 파스칼은 "모든 위대한 사업은 믿음으로부터 시작된 것이다"라고 했습니다. 미국의 시인 롱펠로우도 "하나님의 뜻에 순종하는 것은 축복에 이르는 유일한 방법이다"라고 했습니다.

인생의 답은 믿음과 기도에 있습니다. 순종이 없는 믿음은 죽은 믿음입니다. 하나님 말씀을 아는 것만으로는 부족합니다. 저는 내 생각과 생활, 그리고 언어 속에서 믿음의 증거자가 되고자 합니다.

프랑스의 종교개혁자 장 칼뱅은 "믿음은 하나님의 말씀에 대한 절대적인 순종이다"라고 했습니다. 저는 지식이 아닌 지혜, 교회 안에서 교회 밖으로, 물질에서 영성으로 하나님 나라에 구속되는 비밀을 찾는 데 게으르지 않고자 합니다.

> 너희가 즐겨 순종하면 땅의 아름다운 소산을 먹을 것이요 너희가 거절하여 배반하면 칼에 삼켜지리라 이는 여호와의 입의 말씀이니라 (이사야서 1:19-20)

다섯 번째, 나 자신의 인간적 욕망에서 벗어나 하나님의 소명을 찾고자 합니다.

미국의 백화점 기업가 페니는 많은 자산에도 불구하고 불만이 가득 했습니다. 어느 날 병원에서 누워 있었는데 다른 병실에서 찬송 소리가 들려왔습니다. 그는 너무 감동스러워 자신도 모르게 찬송 소리가 들리는 곳으로 갔습니다. 그곳에서 "너희가 대접을 받고 싶은 대로 남을 대접하라"는 말씀을 듣고, 퇴원 후 남을 도와주는 마음으로 사업을 했습니다. 그 결과 그의 사업은 더 잘 되었고, 감사의 마음으로 건강해졌을 뿐만 아니라, 교회를 세우고 고아를 돌보아주는 자선사업의 축복도 받았습니다.

믿음과 감사에 대해 요약해봅니다.

독일의 종교개혁가 마르틴 루터는 "하나님이 주신 축복의 약속에는 수천 가지가 있다. 그러나 우리의 믿음 없이 받을 수 있는 것은 단 하나도 없다"라고 말했습니다.

감사를 많이 할수록 하나님께 더욱 가까워지며 축복이 쌓여 건강해지고, 불평과 불만을 입에 달고 사는 사람은 말대로 이루어져 질병에 걸리게 되는 것이 창조의 질서입니다.

아브라함은 이스라엘 민족의 아버지이자 '믿음의 조상'입니다. 자신의 아들인 이삭을 바치라는 '보이지 않는 하나님의 명령'을 믿음으로 순종한 것은 하나님이 이삭을 통해 자손이 번성할 것을 말씀하셨기에 이삭이 결코 죽지 않을 것이라는 신뢰가 있었기 때문입니다. 이처럼 믿음은 땅에서 어떻게 하면 자신이 원하는 것을 쟁취할 수 있는가를 가르쳐주는 말씀이 아니라, 하늘의 하나님이 기뻐하시는 일들을 이루어가는 방법인 것입니다.

믿음은 바라는 것들의 실상이요 (히브리서 11:1)

04

소통으로
외로움 극복하기

| 탐심을 버리고 하나님과 소통하는 축복의 삶을 살겠다.

'소통'이 시대의 화두로 부상하고 있습니다. 정치권의 리더들은 하나같이 '소통과 화합의 아이콘이 되겠다'고 하지만 정작 사회 전체적으로 불통인 시대가 되어버렸습니다. 직장인들의 80%가 대인관계 때문에 고민하고, 이직한 직장인의 65%가 소통이 안 되는 분위기를 이직 사유로 꼽았다는 통계를 본 적이 있습니다.

가족 사이에서도 대화가 사라지고 스마트폰이 그 자리를 메꾸고 있습니다.

소통이란 무엇입니까?

내 의견을 막히지 않게, 잘 통하게 함으로써 뜻이 서로 통하여 오해가 없도록 하는 것입니다. 통상 소통이란 서로 말을 하는 것이라고 생각하기 쉽지만, 사실 최고의 소통은 들어주는 것입니다.

많은 사람들에게서 느끼는 외로움과 절망도 자신이 남에게 문을 닫고 세상과 상대를 받아들이지 않기 때문에 발생합니다. 따라서 자기와 다른 상대방 마음에 먼저 다가가 문을 두드리고, 마음을 주고받고, 이해하는 것이 소통의 핵심입니다. 정 할 말이 없다면 가만히 상대의 말을 들어주기만 해도 됩니다. 소통은 대인관계에 있어 필수적인 것입니다. 정작 가장 소통이 필요한 것은 하나님과의 관계에서입니다. 하나님과의 소통을 통해 삶의 고통을 뛰어넘어 어떠한 환란도 이겨낼 힘을 얻을 수 있습니다.

소통이 잘 안 되는 이유는 인간이 이성보다 감정에 먼저 지배당하기 때문입니다. 또한 자존심, 피해의식, 방어심리도 소통의 장애요인이 됩니다.

이를 극복하기 위해서는, 첫째 탐심을 버려야 합니다. 탐심의 죄는 하나님과의 관계를 단절시키고 눈을 멀게 하여 죄 짓는 것조차 모르게 합니다. 이러한 탐심의 종류에는 권력에 대한 욕심, 돈에 대한 탐욕, 방탕한 마음, 냉담한 사랑, 왜곡된 신앙, 고정관념 등이 있습니다.

철학자 어거스틴은 "자신을 낮추는 겸손한 마음은 하나님의 모든 은혜와 축복을 받는 그릇이 된다"고 했습니다.

둘째, 교회가 제 역할을 해야 합니다.

독일의 유명한 희망 신학자 위르겐 몰트만은 우리나라 방문 당시 인터뷰에서 교회만이 사회를 구원한다고 했습니다. 안타까운 것은 건물이 아닌 공동체인 교회에서 믿음의 본질을 제대로 가르치지 못하고 있다는 사실입니다. 성공학에서 자주 언급되는 격언인 '모든 것을 할 수 있다' '긍정의 힘' 등은 그리스도의 믿음의 자세와는 다른 것이며, 일종의 마인드 컨트롤이라 생각합니다. 하나님이 주시는 능력은 모든 일에 대한 '자신감'이라기보다 모든 형편을 극복하는 '자족함'에 가깝습니다. 이는 스스로 만족을 자위하거나, 최면상태에 빠져 있는 것이 아니라, 하나님 한 분만으로도 만족하는 자세입니다. 믿음이 내가 원하는 모든 것을 할 수 있게 한다는 자기 최면이나 근거 없는 낙관론이 아니라는 것을 교회가 가르쳐줘야 합니다. 교회가 진리의 편에서 말씀과 전도, 그리고 행함을 양육하는 희망의 등불이 되어야 합니다.

셋째, 저속한 사회적 풍조에서 벗어나야 합니다.

TV, 라디오, 인터넷 등속의 매체들이 가족 간의 영적인 대화를 방해하고 있습니다.

오늘, 지금 소통하십시오. 오늘의 삶에 최선을 다할 때 낱낱의 진주알이 꿰어져 아름다운 목걸이가 됩니다. 오늘이 인생의 가장 젊고, 그러면서도 마지막 날인 것처럼 가족들과 그분께 소통의 채널을 열어놓으세요. 헬렌 켈러는 삼중고를 겪으면서도 인생이 행복해야 한다고 강조했습니다. 그러면서 "내 생애 행복하지 않은 날은 단 하루도 없었다"고 했습니다. 지금 당장 세상의 기준 때문에 의기소침하지 말고 자신은 물론 하나님과 소통하는 습관이 들일 때입니다. 소통의 은사도 가만히 앉아서 이루어지는 것이 아니라 열심히 일하고 노력할 때 선물로 주어지는 것입니다.

소통은 기적을 만듭니다. 프랑스의 철학자 파스칼은 "기적이란 우리를 하나님께로 향하게 하는 축복의 선물이다"라고 말했습니다. 또 영국의 조지 엘리엇은 "가만히 앉아서 기적이 일어나기를 바라지마라. 행동하면 주님의 기적이 반드시 일어날 것이다"라고 했습니다.

끝까지 포기하지 않고 인내하고 노력하는 사람에게 기적이 나타납니다. 우리 모두가 기적의 주인공이 되기를 소원합니다. 기적의 구경꾼이 아닌 기적의 주인공이 되기를 말입니다.

인류가 심하게 타락하자 하나님은 인류를 파멸시키고 인간의 역사를 새로 시작하기로 결심하셨습니다. 하지만 노아는 의인이요 당대에 완전한 자로서 하나님과 동행했기에, 하나님은 그의 아들들, 며느리, 세상의 모든 동물들의 암수 한 쌍씩과 함께 탈 수 있는 커다란 방주를 만들라고 명했습니다. 비가 40일 동안 밤낮 없이 내려 생명 있는 것들이 모두 멸망했습니다. 하나님은 이제 다시는 세상을 홍수로 파괴하지 않겠다고 약속했습니다. 그리고 약속의 증거로 무지개를 만드셨습니다.

내가 내 무지개를 구름 속에 두었나니 이것이 나와 세상 사이의 언약의 증거이니라 (창세기 9:13)

05

행복에 이르는 길,
언제나 즐겁게 살기

> 나의 주인이신 하나님을 더욱 사랑하며 오직 주님만 바라보아 나를 평
> 안토록 도우사.

독일 출신 울리 슈틸리케 감독의 인간미가 신드롬을 일으켰습니다. 그는 이상적인 축구 스타일에 대하여 "가장 중요한 건 이기는 것"이라면서 배려와 자율성을 강조했습니다. 경기장에서는 화를 내지만 경기장 밖에서는 선수들에게 "너 하고 싶은 대로 하라"고 하면서 싫은 소리를 일절 하지 않습니다. 또한 선수들이 스스로 질문하고 생각하는 축구선수가 되도록 코치합니다. 그는 "우리는 배고픈 선수가 필요하다. 열정 있는 선수라면 경험 나이에 관계없이 발탁한다"고 하면서 무명의 공격수 이정협을 발탁하여 '아시안 컵'에서 2골을 만들어내고 돌풍을 일으켰습니다.

하버드대의 조지 베일런트 교수는 하버드대 학생 268명(1930년대 입학)이 20대에서 90대 노인이 되기까지의 75년간 일생을 추적한 '그랜트 연구(Grant Study)'의 논문인『행복의 조건(*Triumphs of Experience*)』을 출판해 정신의학계와 심리학계에 큰 화제를 불러일으켰습니다. '그랜트 연구'에서는 인간의 행복의 조건을 7가지로 요약했습니다.

첫째는 안정된 결혼생활, 둘째는 금연, 셋째는 금주, 넷째는 운동, 다섯째는 체중 조절, 여섯째는 독서 등 평생교육 그리고 일곱째는 방어기제(defence mechanism)입니다.

'그랜트 연구'에서 가장 중시하는 방어기제란 무의식적으로 자신을 보호하기 위해 갈등과 스트레스를 최소화하려는 것으로, 프로이트가 처음 사용한 정신의학 용어입니다. 예를 들어, 고통이 다가왔을 때 유머가 있는 사람은 성숙한 방어기제를 활용하여 유머로 극복하지만, 불평불만만 늘어놓는 사람은 남에게 책임을 전가합니다. 고통을 어떤 자세로 받아들이느냐에 행복과 불행으로 길이 갈라집니다. 필자는 고통이 다가올 때 깊은 호흡과 이전에 좋았던 일을 회상함으로써 그 스트레스를 제거합니다. 흥미롭게도 인간의 행복의 조건 7가지 중 50세에 5, 6가지를 갖춘 사람은 80세에도 행복했지만, 3가지 이하밖에 갖추지 못한 사람은 건강하지 못했고 사망 확률도 3배나 높았다고 합니다.

베일런트 교수는 책의 결론을 다음과 같이 짓습니다. 삶에서 가장 중요한 것은 인간관계이며, 사랑만이 인간관계에서 행복을 만들어

낼 수 있다고 말입니다. 그는 좋은 예로 세 번이나 이혼한 테리톤과 애덤스라는 하버드 졸업생의 생을 비교했습니다. 테리톤은 세 번 이혼 후 자살로 생을 마감했지만, 애덤스는 세 번 이혼하고 네 번째 만난 낸시라는 여성이 자신에게 쏟는 사랑에 감동해 30여 년을 행복하게 지냈다고 합니다.

'그랜트 연구'는 얼마든지 자신이 노력하면 노년에 행복한 인생을 보낼 수 있다는 메시지를 전합니다. 끊임없이 배우고 유머를 즐기며 친구를 사귀는 것이 행복의 비결이라고 설명합니다.

행복의 적이라는 스트레스 해소 방법은 무엇입니까?

첫째, 기도.

노먼 빈센트 필 목사는 "불안과 슬픔 가운데 드리는 기도가 곧 감사와 기쁨의 기도로 바뀌는 것이 하나님의 능력이다"라고 말했습니다. 기도하면 불안이 평안으로 바뀌고 슬픔이 기쁨으로 바뀌고 원망 불평이 감사로 바뀝니다. 기도하는 사람은 죽고 사는 날짜를 제외하고는 자기 운명도 생각도 바꿀 수 있습니다.

둘째 독서.

최근 영국 일간 텔레그래프 등이 보도한 영국 서섹스 대학교 인지심경심리학과 데이비드 루이스 박사팀의 연구 결과에 따르면, 스트레스 해소법으로 가장 효과가 좋은 것은 독서라고 합니다. 루이스 박사는 "무슨 책을 읽는지는 중요하지 않으며 작가가 만든 상상의 공간에 푹 빠져, 일상의 걱정 근심으로부터 탈출할 수 있으면 된다"고 밝혔습니다. 루이스는 박사는 독서 이외에 산책, 음악 감상, 비디오 게임 등 각종 스트레스 해소 방법 등도 제시했습니다.

셋째, 근육이완법.

스트레스를 받거나 짜증이 나는 상황일수록 바로 반응하지 말고 잠깐 하던 일을 멈추고 긴장된 근육을 풀어주는 것이 좋습니다. 어깨를 쭉 당기거나 목을 가만히 좌우로 돌려 풀어주는 것만으로도 근육이 이완되면서 바짝 당겨졌던 기분이 몸과 함께 풀리는 것을 느낄 수 있을 것입니다.

넷째, 음악 듣기.

음악은 신체의 긴장완화는 물론 마음의 평온을 찾는 데 효과적입니다. 현재 유행하고 있는 음악이든 클래식이든 상관없습니다. 일과 병행하기보다 잠시라도 이어폰을 꽂고 집중해서 듣는 것이 더욱 효과적입니다.

다섯째, 마음 비우기.

가장 어려운 말이지만 마음의 평온을 유지하기 위해 여유를 갖는 것이 좋습니다. 조용히 호흡에 집중하여 들이마시고 내쉬기를 몇 차례 해주면 마음이 혼란스러울 때 집중을 할 수 있게 도와줍니다.

그 밖에 퇴근 후 즐길 수 있는 취미거리나 가벼운 운동을 하는 것도 스트레스 관리에 큰 도움이 됩니다.

하나님이 우리에게 명하신 의무는 단순합니다.

"기뻐하라, 쉬지 말고 기뻐하라, 범사에 감사하라."

우리 삶속에서 하나님의 기쁨을 발견하고 먼저 그의 나라와 의를 구해야 합니다. 영국의 조지 뮬러 목사는 축복받는 비결을 요약합니다.

"하나님께 순종하는 자의 창고는 아무리 써도 바닥나지 않고 차고
넘치는 축복을 받게 된다."

오순절(五旬節)은 그리스어로 '제50의'라는 뜻을 가진 말로, 원래는
유대인들이 보리농사의 수확을 끝내고, 보리로 만든 두 개의 빵을 바
치는 제삿날을 말한 것인데, 유월절(逾越節) 이튿날로부터 50일째 되
는 날에 해당합니다. 예수의 부활로부터 50일째 되는 날, 그의 제자
들이 모인 곳에 성령(聖靈)이 강림하자 그들은 성령에 충만하게 되었
고, 이를 계기로 전도 활동을 시작하게 되어 이날을 '성령강림일'이
라고도 합니다.

백성들은 자원하여 드렸으므로 기뻐하였으니 곧 그들이 성심으로 여
호와께 자원하여 드렸으므로 다윗 왕도 심히 기뻐하니라 (역대상 29:9)

06

정의로운 사회,
공평을 드러내기

| 내 영혼의 선장이며 주인 되신 주님을 찬양한다.

세상에 보이는 것만이 사실은 아닌데, 보고 싶은 것만 보고 생각하는 것이 인간입니다. 신학자 본회퍼는 은혜를 "싸구려 은혜"와 "값비싼 은혜"로 나누고 신앙생활을 제멋대로 방자하게 하면서 받는 은혜는 "싸구려", 신앙생활 소중히 여기면 "값비싼" 은혜가 된다고 했습니다.

> 내가 어렸을 때는 말하는 것이 어린아이와 같고 깨닫는 것이 어린아이와 같고 생각하는 것이 어린아이와 같다가 장성한 사람이 되어서는 어린아이의 일을 버렸노라 (고린도전서 13:11)

27세에 하버드 대학교 교수가 된 마이클 센델의 저서 『정의란 무엇인가』는 존 롤스의 『정의론』을 비판한 저자 자신의 하버드 대학의 강의 '정의(Justice)'를 바탕으로 쓴 책입니다. 우리나라에서만 200만 권 이상이 팔린 베스트셀러입니다.

그에 따르면, 정의를 판단하는 세 가지 기준은 행복, 자유, 미덕입니다. 즉, 사회 구성원의 행복에 도움을 줄 수 있는지, 혹은 사회 구성원 각각의 자유로움을 보장할 수 있는지, 아니면 사회에 좋은 영향을 끼치는지로 정의로움을 결정할 수 있다는 것입니다.

어떤 사회가 정의로운 사회라 할 수 있을까요?

첫째, 재판이 공의로워야 합니다.

미국의 32대 대통령 루즈벨트는 "국민의 신뢰를 얻으려면 반드시 두 가지가 있어야 한다. 공정한 재판과 뇌물 없는 사회가 그것이다"라고 말했습니다. 재판이 타락하고 불의한 재판이 되는 이유는 뇌물이 관여됐기 때문입니다. 정의로운 사회가 되기 위해서는 뇌물이 없어야 합니다. 하나님의 나라에서는 뇌물을 주고받는 것을 죄로 여겨 반드시 심판하십니다.

어거스틴은 "우리는 항상 심판받을 준비를 해야 한다. 그날의 하루를 일생 최후의 날과 같이 살아야 하는 것이다"라고 했습니다. 또 영국의 존 번연은 "심판의 날, 사람들은 자기가 준비한 열매에 따라 심판받게 된다"고 했습니다.

그리고 재판관의 교만과 편견이 사라져야 합니다.

신학자 나인홀드 니버는 교만에는 네 가지 종류가 있다고 했습니다.

첫째는 권력적인 교만입니다. 사람은 권력이 없을 때는 겸손하다가 조금씩 권력이 생기면 자기도 모르게 점점 교만해집니다. 권력의 마약에 취해 본분을 잃고 자기 스스로 죄악에 빠지게 됩니다.

둘째는 지적인 교만입니다. 많이 배워 학식이 있다고 남을 무시합니다. 자신의 생각만이 옳다고 주장하며 더 이상 배우려하지 않습니다.

세 번째는 도덕적인 교만입니다. 자기 스스로 자기가 가장 의롭다고 생각하고 내 생각만 옳다는 교만이 바로 도덕적인 교만입니다.

넷째로는 영적인 교만, 신앙적인 교만입니다. 이러한 교만은 교회에 오래 다닌 사람일수록 빠지기 쉽습니다. 마음이 도도해져서는 하나님의 법과 질서를 무시하면서 '하나님을 사랑한다' 말하고 '누가 나만큼 잘 믿는 사람이 있겠느냐?' 하면서 바로 교만을 떱니다.

"주여, 내가 변화 시킬 수 없는 것들을 받아들일 수 있는 침착함을 주옵시고, 내가 할 수 있는 것들은 변화시킬 수 있는 지혜를 주옵소서." (나인홀드 니버)

두 번째, 좁은 문으로 들어가야 합니다.

좁은 문으로 들어가라 멸망으로 인도하는 문은 크고 그 길이 넓어 그리로 들어가는 자가 많고 생명으로 인도하는 문은 좁고 길이 협착하여 찾는 자가 적음이라 (마태복음 7:13-14)

좁은 문이 바로 축복의 문입니다. 영국의 윌리엄 셰익스피어는 "참된 신앙의 좁은 길을 가는 자는 불행과 죽음 앞에서도 구원의 축복을 받을 수 있다"고 했습니다.

좁은 길로 가는 사람은 죽음을 두려워하지 않습니다.

러시아의 톨스토이는 말했습니다.

"고난과 역경 속에서도 계명을 지키기에 힘쓰는 자는 구원의 좁은 문을 통과해 축복의 길로 가는 자다."

말씀대로 살겠다는 사람, 욕망을 절제하고 진리 가운데 거하겠다는 사람이 좁은 길로 가는 사람입니다.

세 번째, 연단을 두려워하지 않아야 합니다.

프랑스의 장 칼뱅은 "우리는 오직 예수님의 고난을 통해서만 하나님의 축복을 누린다"고 했습니다. 하나님 앞에 연단, 훈련을 받아야 비로소 주의 종이 되고, 하나님의 사람이 됩니다. 결코 쉬운 과정이 아니지만 과정을 통해 축복을 받게 됩니다. 아름답고 빛나는 도자기가 되기 위해서 흙은 뜨거운 불을 견뎌내야 합니다.

톨스토이는 "예수 그리스도의 십자가 고난은 그리스도인에게 고통이 아닌 축복이다"라고 말했습니다.

그가 찔림은 우리의 허물 때문이요 그가 상함은 우리의 죄악 때문이라 그가 징계를 받으므로 우리는 평화를 누리고 그가 채찍에 맞으므로 우리는 나음을 받았도다 (이사야 53:5)

평신도로서 궁금한 것 중의 하나는 "신이 인간을 사랑한다면 왜 고통과 불행을 주었는가"입니다. 필자도 몇 년 전 폴란드에서 아우슈비츠 수용소를 둘러보면서 인간의 잔악상에 놀라는 한편, 하나님의 계획에 의심이 갔습니다. '여기에 있던 죽어가는 사람들의 신음소리에 하나님은 왜 침묵하셨을까?'라는 의문이 머리를 떠나지 않았습니다.

『무지개 원리』를 쓴 차동엽 신부는 "고통은 신의 조화가 아니라 자연현상이며 그 결과가 고통으로 받아들여지는 것이다. 사람들은 이 고통의 책임을 신에게 돌리는데 그것은 3차원 공간을 사는 존재들이 부대끼면서 겪는 자연발생적 현상이며 신이 만들어낸 것이 아니다"라고 말합니다.

우리는 하나님의 존재에 대하여 잘못 해석하고 있습니다. 진실과 다르게, 자신이 믿고 싶은 대로 믿고, 눈에 보이는 것만이 세상의 전부라는 착각 말입니다. 인간은 고통 속에 있을 때 오히려 하나님을 만나게 됩니다. 하나님은 우리가 고통의 순간에 있을 때에도 이를 지켜보십니다. 그리고 이에 대해 침묵하지 않습니다. 우리와 함께 아파하고 고통을 나누며 울부짖고 계십니다.

죽음이란, 인생의 마지막 벽이 아니라 영생의 문이 열리는 것임을 기억했으면 합니다. 장 칼뱅은 "이 세상에 예기치 않은 흉년과 고난이 많은 것은 천국을 사모하는 마음을 가지게 하기 위해서다"라고 했습니다.

홀로코스트의 생존자이며 노벨평화상 수상자인 엘리 비젤은 자신의 회고록『흑야(*Night*)』에서 아우슈비츠 수용소에 처음 들어갔을 때의 쇼크를 다음과 같이 회고합니다.

"가스실 심사에서 살아남은 나는 왼쪽 팔에 A7713이라는 숫자가 새겨졌는데 이때부터 나의 이름은 없어지고 A7713으로만 불려졌다. 아우슈비츠에서 어떻게 살아남을 것인가가 최대의 숙제였는데, 막사에 도착한 첫날 저녁 이곳에서 오랜 시일을 보낸 내무반장의 훈계가 있었다. 그는 폴란드인이었는데 훈계의 내용은 간단했다. 너희가 살아남기를 원하느냐? 그렇다면 현재에 감사하고, 서로 격려하며 살아야 한다는 내용이었다."

죽음의 수용소인 아우슈비츠에서 감사하며 살라? 무엇을 감사한다는 말인가. 그러나 시간이 지나면서 엘리 비젤은 왜 감사하면서 살아야 하는지를 깨닫게 되었다. 아우슈비츠에서 끝까지 살아남은 유대인들은 대부분 희망과 용기를 가진 사람들이었으며, 당시 현재를 비관하고 절망했던 사람들은 건강이 급속히 악화되어 죽음을 맞이했다는 것이었다. 엘리 비젤은 가스 사형실에 가지 않은 것을 감사하고, 신체가 튼튼해 작업장에 나가게 된 것을 감사하고, 형편없는 식사를 맛있게 먹을 수 있는 소화 능력에 감사하고, 들에 핀 꽃과 아름다운 석양을 볼 수 있는 것에 감사했다. 감사하게 생각하니까 긍정적이 되고, 언젠가는 세상이 바뀌리라는 희망이 솟아나기 시작했다. 그는 마침내 살아남는 데 성공했다. 올해 86세인 엘리 비젤은 대학교수이며, 홀로코스트 생존자회 회장으로 세계를 돌아다니며 강연하고 있다넷째, 신뢰가 물처럼 흘러야 합니다. 신뢰란 우리가 믿고 의지하는 것으로 우리에게 정의를 내세우고 올바로 살게 해주는 기초가 됩니다. 이 세상이 불행해지는 원인은 서로 신뢰하지 못하기 때문입니다. 신뢰는 용서에서 출발합니다.

노벨상 수상 작가인 가브리엘 가르시아 마르케스가 쓴 『콜레라 시대의 사랑』에 나오는 이야기입니다. 어떤 부인이 자기 집 욕실에 세숫비누를 사다 두는 것을 잊어버렸습니다. 그 사실을 모른 남편은 비누가 없어 화를 냈습니다.

"비누 없이 목욕한 지 일주일이 넘었어!"

그러자 부인이 발끈했습니다.

"뭐요? 일주일이나 되었다고요?"

이 부부는 비누 한 장 때문에 7개월 동안 각방을 썼다고 한다. 용서 없는 신뢰란 없습니다. 크리스천으로서 세상의 권력에 따르지 않고 하나님을 신뢰할 때 사회는 보다 정의로워질 것입니다.

프랑스 노르망디 해안 북쪽에 인구 12만 명이 사는 '칼레'라는 작은 항구도시가 있습니다. 이 항구에는 세계적으로 내로라하는 미술품이 하나 있는데 바로 로댕의 「칼레의 시민(Les bourgeois de Calais)」이 그것입니다. 조각을 보면, 6명의 사람이 목에 밧줄을 감고 고통스런 표정을 지으며 어디론가로 걸어가고 있습니다. 이 조각은 칼레 시민의 명예, 프랑스의 긍지면서 귀족의 의무를 뜻하는 '노블레스 오블리주'를 상징하고 있습니다.

백년전쟁 때 칼레 시는 끝까지 영국에 저항하다 항복하게 되었습니다. 영국 왕 에드워드 3세는 누군가는 이러한 마지막 저항에 책임져야 한다며 6명의 칼레 시민의 처형을 요구했습니다.

이때 칼레에서 제일 부자인 사람들을 포함 시민 6명이 자원합니다. 이에 영국 왕비가 크게 감동하여 에드워드 3세에게 칼레 시민에게 자비를 베풀 것을 애원하고 처형을 취소하게 됩니다.

성경은 오류가 없는 하나님의 말씀입니다 (디모데후서 3:16)

07

인내의 향기, 우리를 통해
이루시는 위대한 행적

> 가장 나쁜 습관은 오늘 일을 내일로 미루는 것이다. 내일 죽을 것처럼
> 최선을 다해 오늘을 살아야 한다. 오늘은 우리에게 남은 인생의 첫날
> 이다.

마더 테레사, 공자, 달라이라마의 공통점은? 모두가 인내의 삶을
산 본받을만한 어른이라는 점입니다. 하지만 아무리 훌륭한 분이라
도 인간의 한계를 벗어날 수 없는 일입니다. 따라서 이들에게서조차
근본적인 문제인 삶과 죽음의 답을 구할 수 없습니다. 사도 베드로
는 이렇게 말했습니다.

다른 이로서는 구원을 얻을 수 없나니 천하 인간에 구원을 얻을만한 다
른 이름을 우리에게 주신 일이 없음이니라 (사도행전 4:12)

톨스토이는 "하나님 앞에 짓는 두 가지 큰 죄 중, 하나는 하나님을 공경하지 않는 죄요 또 하나는 하나님께 감사하지 않는 죄다"라고 했습니다. 공경과 감사는 선택이 아니라 필수입니다.

인내는 성령을 불러와 축복을 받게 하고 가난한 자를 부유하게 만들며, 병든 자가 고침을 받게 합니다. 성령으로 구원 받고 죄 용서함 받고 천국까지 가게 됩니다.

일본의 사상가 우치무라 간조는 "성령은 하나님께서 인류에게 주신 최고의 선물이다"라고 했습니다.

성령에 있어 평신도와 성직자의 구분은 없습니다. 모든 그리스도인들은 하나님 앞에 평등하며, 모두가 왕 같은 제사장, 하나님 나라의 백성, 하나님의 자녀이며, 또한 모두가 주 예수님의 종이고, 형제, 자매입니다. 주님께 순종하는 그리스도인들은 모두 다 주의 종이며, 각자 받은 은사에 따라 교회의 한 부분으로 봉사하며 협력해야 합니다. 교회에 직업적 목사란 있을 수 없고 모두가 자원하는 심정으로 맡은 역할을 감당해야 합니다.

헌금도 신약적 원리(고린도후서 9:7)에 따라 "자원함"으로 해야 하는 나눔입니다. 교회란 건물이 아닌 그리스도인들입니다. 머리는 그리스도시며, 거듭난 신자들이 지체가 되어 한 몸을 이루는 공동체입니다.

> 너희는 그 은혜에 의하여 믿음으로 말미암아 구원을 받았으니 이것은
> 너희에게서 난 것이 아니요 하나님의 선물이다 (에베소서 2: 8)

하버드 의과대학은 베스 이스라엘 병원의 암 환자들을 대상으로 "당신은 무엇으로 위로받습니까?"라는 설문조사한 결과 신앙심이 마음의 고통을 극복하게 만들어주고 병을 치료하는 중요한 역할을 한다는 결론에 이르렀다고 합니다. 똑같은 말기 암 환자라 할지라도 신앙을 가진 환자들은 그 병에서 고침도 받고 위로받고 힘을 얻지만, 신앙이 없는 환자들은 신앙 있는 사람의 1/3밖에 도움을 받지 못한다는 것입니다.

파스칼은 『팡세』에서 인간은 세 가지가 조화되어야 행복해질 수 있다고 했습니다. 첫째는 자신과의 조화입니다. 자신이 원하는 것, 해야 할 일을 모르는 사람은 자신을 속여 행복해질 수 없습니다. 둘째는 이웃과의 조화입니다. 인간은 서로 어울리면서 도움을 주고받음으로써 기쁨을 맛볼 수 있는 존재입니다. 셋째는 하나님과의 조화입니다. 가장 중요한 것으로 이에 방해되는 적은 '죄'입니다. 그것은 예수 그리스도를 통하지 않고는 해결할 수 없습니다.

신앙생활에 있어서 참고 기다리는 자세가 중요합니다.

겉으로는 멀쩡하고 믿는 것 같지만 속에는 하나님 중심의 실행도 없고, 믿음과 희생도 없이 교회만 왔다갔다 하는 사람은 가짜 크리스천입니다. 진짜 기독교인들은 어려움을 당할 때마다 간절히 기도하지만, 가짜들은 기도하지 않고 불평하고 원망합니다. 진짜 기독교인은 고난당할 때, 그 고난을 받아들이고 오히려 감사하지만 가짜는 고난당할 때, 도망가고 회피합니다.

독일의 성직자 토마스 아 켐피스는 "순종하기를 회피하는 사람은 하나님의 축복을 회피하는 사람이다"라고 했습니다. 진짜 신앙은 오랜 시간에 걸친 꾸준한 노력, 최고의 품질을 고집하는 장인 정신, 고객에 대한 철저한 헌신이 바탕 되어 태어난 명품 브랜드처럼 하나님께서 우리를 손수 만져주시고 세상에서 인정받을 때 최고의 작품이 됩니다.

하나님은 아버지, 아들, 성령의 하나님이십니다 (마태복음 28:19)

08

하루속히 통일의
그날을 기다리며

| 분단 70년, 평화 통일의 기반이 조성되도록 기도로 무장하자.

남북 간 신뢰 재구축과 관계 제도화에 대한 기대감이 높아져 체계적인 인도 지원 여건 마련도 요구되고 있습니다. 통일은 남북 모두에게 새로운 성장 동력을 제공하는 기회입니다. 또한 우리에게는 억압 하에 있는 북한 동포들을 돌보아야 하는 사명도 있습니다.

우리나라는 하나님이 세우신 나라입니다. 애국가에도 "하나님이 보우하사 우리나라 만세"라는 구절이 있으며, 제헌국회가 개원했을 때에도 우리는 하나님께 감사 기도를 드렸습니다. 따라서 통일에 대한 간절함과 그에 대한 온전한 기도가 쌓일 때 하나님의 자비로움을 기대할 수 있을 것입니다.

먼저, 믿는 자들이 주님의 심장과 유대민족을 구하기 위한 에스더의 애국심이 있어야 할 것입니다.

에스더는 유대인의 신분으로 바사 제국의 왕 아하수에로 왕후가 되어 민족을 구한 성녀로 추앙받고 있습니다. 에스더는 유대민족을 말살시키려는 하만의 책략을 부숴버린 것입니다. 그녀는 '죽으면 죽으리라'는 각오로 담대히 왕 앞에 나아간 것입니다. 우리도 하나님께서 평화통일의 문을 열어주시도록 순종과 기도로 무장해야 합니다.

영국의 역사학자 토인비가 "세상이 어둡고 절망적이지만 그래도 마지막 희망은 있다. 그 마지막 희망이 기독교다"라고 했듯이, 통일의 기반도 기독교 정신에 의해야 합니다. 이스라엘은 나라 없는 오랜 절망 속에서도 희망을 갖고 나라를 세웠습니다. 이와 같이 우리가 사는 세상이 아무리 절망스럽고 어둡고 캄캄하게 느껴져도 우리의 마지막 희망인 기독교를 바라볼 수밖에 없습니다. 영국의 C. S. 루이스는 우리가 누구의 통치를 받아야 하는지 "인생에서 단 하나 꼭 필요한 것은 하나님의 통치 아래 사는 것이다"라고 했습니다.

토마스 아 켐피스는 "하나님은 항상 기도하는 자에게 재물을 주시고, 감사하는 자에게 재물의 축복을 주신다"고 했습니다.

아무리 어렵고 힘들어도 희망을 꼭 붙들어야 합니다. 그 희망의 씨앗을 뿌리는 정직한 크리스천이 되어야 하겠습니다. 통일이 어렵고 힘들어도 하나님께서 함께하시면 꼭 이뤄질 것입니다.

여호와께 노래하라 너희는 여호와를 찬양하라 가난한 자의 생명을 행악

자의 손에서 구원하셨음이니라 (예레미야 20:13)

영국의 역사학자 토마스 칼라일은 북한이 신앙의 자유를 얻어야 하는 이유를 분명하게 가르쳐줍니다.

"가난한 국가라도 하나님의 복음을 받아들인 나라는 부유하고 발전된 국가로 세워지게 된다."

그렇습니다. 사람에게 가장 중요한 것은 억압으로부터의 자유입니다. 어떻게 해야 자유를 얻을 수 있을까요?

주의 성령이 내게 임하셨으니 이는 가난한 자에게 복음을 전하게 하시려고 내게 기름을 부으시고 나를 보내사 포로 된 자에게 자유를 눈먼 자에게 다시 보게 함을 전파하며 눌린 자를 자유롭게 하고 (누가복음 4:18)

통일을 위해 기도해야 합니다.

영국의 스펄전 목사는 "남을 위해 기도하는 사람이야말로 온유와 사랑을 가진 자며 참된 믿음을 가진 자다"라고 했습니다. 남을 위한 기도에 대해 하나님은 응답을 해주십니다. 통일을 위한 작은 골방의 기도도 챙겨들으십니다.

통일의 온유함을 보여야 합니다.

톨스토이는 "그리스도인은 온유함으로 기도함을 통해서 세상을 아름답게 만들고 비난을 해결하고 얽힌 것을 풀어서 헤치며 어려운

일을 수월하게 만들고 즐겁게 만든다"고 했습니다. 온유한 사람들이
세상을 아름답게 만들고, 모든 어려운 문제를 풀고 해결합니다.

신뢰받는, 올바른 지도자가 많아야 합니다.

스펄전 목사는 "주의 선지자를 인정하고 신뢰하는 자는 모든 문제
가 해결되고 형통해지는 복을 받는다"라고 했습니다.

장 칼뱅은 말합니다.

"우리의 모든 생활을 하나님께 맡기고 선지자들을 신뢰할 때 우리
는 올바른 삶을 살 수 있다."

사회가 깨끗해야 합니다.

하나님이 보시기에 작은 일이나 작은 사람은 없습니다. 중국 만리
장성은 인류 최대의 토목공사로 유명한데, 진시황제가 북쪽에 살고
있는 흉노족의 침입을 막기 위해 쌓은 것입니다. 하지만 만리장성을
지었는데도 북쪽 유목민의 침입이 끊이지 않았던 것은 만리장성 문
지기가 누구라도 돈만 주면 성문을 열어주었기 때문이라고 합니다.

좋은 사회로 가는 데 큰 일 작은 일이 따로 없습니다. 기독교인들
부터 죄를 자복하고 하나님께 감사의 기도로써 죄에서 해방되어야
합니다.

선지자 엘리야는 여호와를 절대적으로 신뢰하고 국가 운명에 대한 예민한 통찰을 가진 애국자였습니다. 그는 세상을 떠날 때 불 수레를 탄 채 죽음의 고통을 맛보지 않고 승천하는 영광을 누리기도 했습니다.

수고하고 무거운 짐 진 자들아 다 내게로 오라 내가 너희를 쉬게 하리라 (마태복음 11:28)

09

최고의 선물,
유대인 하브루타 교육 따라잡기

| 유대인 교육법을 배워 세계 제일의 지식 강국을 꿈꾼다.

역대 노벨상 수상자의 25%, 미국 내 100대 부자 중 20%, 미국 아이비리그의 30%, 세계 500대 기업 경영진의 42%, 전 세계 인구의 0.3%, 면적은 강원도 정도, 1,000년 동안 나라가 없었음, 페이스북 창업자 마크 주커버그, 스타벅스 창업자 하워드 슐츠, 현대 경영학의 아버지 피터 드러커, 영화감독 스티븐 스필버그, 정신분석학의 창시자 프로이트, 이들의 공통점은? 바로 유대민족입니다.

유대인 성공 비결은 무엇일까요? 유대인이 소수 민족으로서 세계의 중심에 우뚝 설 수 있었던 비결은 무엇일까요?

첫째, 창의적 교육입니다.

유대인의 성공 비결은 질문과 토론 중심의 교육에 있습니다. 유대

인들은 어렸을 때부터 지적인 호기심이 끊임없이 일어나도록 질문
과 대화, 토론, 논쟁을 주고받고, 독서와 올바른 습관의 중요성을 깨
닫게 해주는 교육이 일상화되어있습니다. 일명 '하브루타'로 불리
는 이 교육법은 유대인들이 수천 년 전부터 전통적으로 고수해온 교
육법입니다.

'하브루타'는 구체적으로 둘씩 짝지어 질문하고 대화, 토론, 논쟁
하는 교육입니다. 두 사람이 토론할 때 가장 말을 많이 할 수 있습니
다. 한 사람이 물으면 다른 사람이 대답하고, 때로는 궁금하거나 주
장에 허점이 있으면 지적해주기도 합니다. '하브루타' 교육은 전적
으로 '말'을 통한 교육입니다.

두 번째, 탈무드 정신과 유일사상입니다.

탈무드는 모세가 전하였다는 또 다른 율법입니다. 구전하는 율법
육십삼 편으로 구성돼 있는 탈무드는 유대인의 생활과 신앙의 기반
입니다. '탈무드'라는 말은 히브리어로 학습을 의미합니다.

셋째, 천민사상과 교육에 대한 믿음입니다.

로마군 사령관 베스파시아누스가 예루살렘을 공격하기 전 랍비
벤 자카이와 만났을 때 벤 자카이는 베스파시아누스가 곧 황제가 될
것이라고 예언했습니다. 그다음 날 베스파시아누스는 자신이 황제
에 추대되었음을 로마로부터 통보받자 예언을 신통히 여겨 벤 자카
이에게 "예루살렘을 멸망시키기 전 당신의 소원 하나만 들어주겠
다"고 했습니다. 그때에 랍비 벤 자카이는 '유대인은 로마인이 파괴
할 수 없는 것을 가져야만 한다. 그것은 무엇인가. 교육이다. 로마인

들은 후손들에게 칼을 물려주겠지만 유대인은 자손들에게 교육을 물려주어야 한다. 왜냐하면 교육은 칼보다 강하기 때문이다. 그러면 언젠가는 유대인이 로마인을 이길 것이다'라고 생각했습니다. 그래서 벤 자카이는 유대인 학자들이 집단거주하고 있는 야브네라는 마을만은 로마군이 파괴하지 말도록 건의했습니다. 베스파시우스 사령관은 이를 쾌히 승낙하였습니다. 이튿날 그는 야브네에 있는 학교와 야브네를 제외한 예루살렘 전역을 불바다로 만들었습니다.

세 번째, 지혜를 사랑합니다.

유대인들은 다른 민족과 다릅니다. 유대인은 돈과 권력이 아닌 학자를 존경합니다. 미국 유명 대학의 교수 중 22%가 유대인입니다. 하버드 법대는 유대인 교수의 비율이 38%입니다. 속담에 '학자가 초대되지 않은 식탁은 하느님의 축복을 받을 수 없다'고 했습니다.

유대인의 교육은 앵무새처럼 외우는 것이 아니라 공부를 통해 지혜를 깨닫는 과정입니다. 유대인은 지식보다 지혜를 더 중요시합니다. 유대인 남자는 13세가 되면 '바르 미츠바'라는 의식을 갖는데, 탈무드에 나오는 가르침을 자기 나름대로 해석하는 의견을 내놓아야 의식에 통과됩니다. 이 의식에서 소년들은 랍비와 반대되는 의견도 서슴지 않고 내놓습니다. '질문하지 않으면 유대인이 아니고 반대하지 않으면 유대인이 아니다', '유대인 2명이 모이면 3가지 의견이 나온다'라는 속담이 있을 정도입니다. 유대인 교육은 어릴 때부터 창조적인 인간을 만드는 데 그 목표가 있습니다.

"가난한 가정의 아이들 말에 귀를 기울여라. 지혜가 그들에게서 나올 것이다."

"가난은 수치가 아니다. 그러나 명예도 아니다."

"하나님은 사람을 보실 때 가슴을 먼저 보고 그 다음 머리를 본다."

"천국의 문은 기도에 대해서는 닫혀 있어도 눈물에 대해서는 열려 있다."

"의지의 주인이 되고 양심의 노예가 되라."

"재물은 악이 아니며, 저주도 아니다. 재물은 하나님으로부터 주어지는 선물이다."

— 재물 관련 유대인 격언

유대인은 부족함을 오히려 최고의 선물로 삼아 두뇌 개발하는 교육에 집중했습니다.

유대인의 모든 교육은 지시나 강요가 아니라 철저하게 자녀들과의 대화와 토론을 통해 이뤄집니다. 부모들은 짝을 이루어 대화하고 토론하는 하브루타로 자녀들을 가르칩니다. 점수와 성공만을 위한 교육이 바뀌어야 우리나라의 미래도 바뀝니다. 유대인을 넘어 국제사회인으로서의 품위와 인격을 갖춘 인재를 길러내는 우리 교육을 꿈꿔봅니다.

유대인들은 돈을 쓰는 법에서부터 저축하는 법, 기부를 통해 사회에 도움을 주는 법까지, 이 모든 경제적인 것들을 어린 시절부터 부모와의 대화와 토론을 통해 자연스럽게 익힙니다.

유대인들이 경제계에서 두각을 나타내고 세계적인 부자가 많은 것은 이러한 조기의 경제교육 덕분입니다. 유대인들은 부자로 태어나는 것이 아니라 부자로 만들어집니다. 좋은 머리로 태어나는 것이 아니라 생각하는 머리로 만들어집니다.

이렇게 유대인들을 길러내는 구체적인 교육방법이 바로 '하브루타'입니다. 하브루타는 짝을 지어 질문하고 대화, 토론, 논쟁하는 유대인의 전통 학습법입니다. 유대인들은 부모와 자녀 사이의 하브루타를 통해 자녀들에게 경제교육을 합니다.

10

오직 강하고
담대하기

| 오직 강하고 담대하게 우로나 좌로나 치우치지 말고 앞으로 나아가라.

문제점이 없는 사람은 없습니다. 높은 자리에 있거나 부자인 사람, 지식이 많은 사람 들을 보면 '아 저 사람들은 걱정 없겠구나' 라고 생각할 수 있지만, 문제만 다를 뿐 성공한 사람들도 그것을 유지하기 위해 더 큰 걱정을 하게 됩니다.

성공이 이루고 싶은 목표를 달성하는 것이라면, 행복은 하는 일 자체를 즐기는 것입니다. '왜 나만 이런 시련을 겪는 것일까?' 투정하고 걱정한다고 해서 해결되는 일은 아무것도 없습니다.

내가 네게 명령한 것이 아니냐 강하고 담대하라 두려워하지 말며 놀라지 말라 네가 어디로 가든지 네 하나님 여호와가 너와 함께 하느니라

(여호수아 1:9)

이는 필자가 가장 좋아하는 성경 구절입니다. 이유 없이 허무하게 느껴지거나 '앞으로 어떻게 될 것인가' 라는 걱정과, 열심히 했음에도 성과가 나지 않는 분함이 섞여 있는 것이 인생인 것 같습니다. 성령 충만만이 해결책이라고 하면서도, 정작 교회 다니면서도 허전하고 두려운 것은 하나님의 귀한 선물인 지혜와 희망이 부족하기 때문입니다. 세상과 교회를 동시에 믿어서는 곤란합니다. '무엇을 먹을까? 무엇을 입을까?' 로 시간에 쫓겨 살아서는 삶에 평안이 없습니다.

지혜가 제일이니 지혜를 얻으라 네가 얻은 모든 것을 가지고 명철을 얻을지니라 (잠언 4:7)

강하고 담대하기 위한 전략을 제시합니다.
첫째, 축복을 허락받아야 합니다.

야베스가 이스라엘 하나님께 아뢰어 이르되 주께서 내게 복을 주시려거든 나의 지역을 넓히시고 주의 손으로 나를 도우사 나로 환난을 벗어나 내게 근심이 없게 하옵소서 하였더니 하나님이 그가 구하는 것을 허락하셨더라 (역대상 4:10)

야베스는 하나님께 복을 구하는 것이 우리가 드리는 최고의 예배라고 생각했습니다. 야베스는 자신이 아니라 하나님을 위해 더 많은 것을 구했습니다. 이는, 우리 속에서 하나님께서 시작하신 위대한 일들이 유지되고 계속되도록 하기 위한 전략적인 선택일 수 있습니다. 하지만 하나님께서 축복을 아무에게나 다 주는 것이 아닙니다. 하나님 앞에서 축복받는 것을 허락받기 위해서는 하나님을 사랑해야 하고, 하나님의 말씀대로 살아야 하며, 하나님께 영광을 돌려야 합니다. 또한 하나님께 드리기를 인색하고 억지로 하여 기뻐하지 않는 사람은 하나님의 축복을 받지 못합니다. 하나님은 하나님의 말씀에 순종하는 사람에게 축복을 허락하십니다. 마르틴 루터는 "성공하는 사람은 언제나 가슴속에 희망의 등불을 켜는 사람이다"라고 했습니다. 축복받을 희망을 품고 살아야 합니다. 내 마음속에 희망의 등불을 켜고 희망의 불이 활활 타는 사람은 성공하는 사람입니다.

둘째, 신뢰해야 합니다.

잠언 3:5에서 하나님은 "너는 마음을 다하여 여호와를 신뢰하고 네 명철을 의지하지 말라 너는 범사에 그를 인정하라 그리하면 네 길을 지도하시리라"라고 말씀하고 계십니다. 인생의 신뢰가 하나님께 있어야지, 변하고 움직이고 달라지는 세상에 신뢰를 뒀다가는 반드시 낙심하고 절망에 처하게 된다는 것입니다.

미국의 사상가 에머슨은 "하나님을 신뢰하면 장기적인 성공의 열쇠가 된다. 반면 불신은 대단히 비싼 대가를 치르게 된다"라고 했습니다.

진정한 리더란 무릇 솔선수범으로 다른 사람에게 꿈을 꾸게 하는 신뢰와 무언가를 할 수 있다는 영감을 주는 사람입니다.

셋째, 하나님을 높여야 합니다.

미국의 목회자 토레이는 "만일 당신이 하나님을 높여 경외한다면 그분께서도 당신을 높일 것이다"라고 했습니다. 우리가 하나님을 높이면 하나님도 나를 높여주시고, 우리가 하나님을 낮추면 하나님도 우리를 낮출 것입니다. 하나님을 경외하고 하나님을 사랑하는 계명은 구체적입니다.

독일의 작가 괴테는 "기독교 정신은 하나님에 대한 경외심이다"라고 했습니다. 이처럼 먼저 하나님을 경외하고 이웃에 대한 관심과 사랑을 베풀면 우리의 기도가 축복으로 바뀔 것입니다.

프랑스의 과학자이자 철학자인 파스칼은 "인간은 자연에서, 그것도 가장 약한 갈대에 불과하다. 그러나 인간은 생각하는 갈대다"라고 했습니다. 인간이란 겉으로 보기에 무척 연약해 보이지만 생각이 무엇보다 힘센 존재로 만듭니다. 연약한 것을 스스로 인정하고 알고 깨달을 때 하나님 앞으로 나아갈 수 있습니다. 우리의 연약함을 통해 우리가 하나님의 능력이 나타날 수 있는 통로가 되는 축복을 경험하게 됩니다.

모세의 후계자 여호수아는 하나님의 백성을 이끌고 모압 평지에서 요단강을 건너 약속의 땅으로 들어갔습니다. 그러고는 그 땅을 정복했습니다. 승리의 비결은 잘 조직된 군사나 무기가 아닌 하나님에 대한 믿음이었습니다. 그는 하나님의 명령을 순수하게 믿고 그것을 행했을 뿐입니다.

오직 강하고 극히 담대하여 나의 종 모세가 네게 명령한 그 율법을 다 지켜 행하고 우로나 좌로나 치우치지 말라 그리하면 어디로 가든지 형통하리니 이 율법 책을 네 입에서 떠나지 말게 하며 주야로 그것을 묵상하여 그 안에 기록된 대로 다 지켜 행하라 그리하면 네 길이 평탄하게 될 것이며 네가 형통하리라 (여호수아 1:7-8)

11

희망의 끈,
모든 일에 때가 있다

> 무슨 일에도 고민하지 말라! 지금까지 지켜주심에 감사하라!
> 모든 것에 기도하라! 시간을 아껴라!

　성경에서는 세월을 "달리는 자"나 "날아다니는 독수리"로 묘사합니다. 나이 들수록 세월이 빠르다고 느끼는데, 이는 세포생물학에 의해 어느 정도 사실로 증명되고 있습니다. 어린아이들은 피가 몸 전체를 도는 데 25초가 걸리며, 20살 청년은 56초, 70세는 1분 35초 걸린다고 합니다. 나이 들수록 인지 능력이 늦어 상대적으로 시간이 빨리 진행되는 느낌을 갖게 되는 것입니다.

　성경에서는 우리 인생을 "나그네 길"이라고 합니다. 어떤 태도나 마음을 가져도 후회가 불가피한 것은 우리가 원죄를 갖고 태어났으며 시간이란 것을 되돌릴 수 없기 때문입니다. 유럽 사람들은 삶에서 가장 중요한 것을 시간이라 생각하지만, 우리나라 사람들은 돈을 가장 중요하게 생각하는 것 같습니다.

시간의 중요성을 나타내는 말이 있습니다.

"시간은 두 얼굴을 가졌다. 가장 현명한 시간은 위기를 슬기롭게 극복하는 시간이고, 가장 명예로운 시간은 남을 위해 봉사하는 시간이다. 가장 미련한 시간은 사소한 일도 처리 못하는 시간이고, 가장 떳떳한 시간은 잘못을 스스로 인정하는 시간이다. 폭정의 시간은 의미 없이 보낸 시간이며, 멋진 시간은 하나님의 약함이 인간의 강함보다 더 강하다는 것을 믿고 기도하는 시간이다."

여호와를 경외하는 것이 지식의 근본이다 (잠언 1:7)

스웨덴 출신 심리학자 안데르스 에릭손 교수(플로리다 주립대)가 주장하고, 말콤 글래드웰의 베스트셀러 『아웃라이어(*Outliers*)』를 통해서 대중에게 알려진 "1만 시간의 법칙"이란 어떤 분야에서든 탁월한 경지에 이르기 위한 1만의 체계적이고 정밀한 시간의 법칙을 말합니다.

이는 "10년의 법칙"이라고도 부르는데, 대략 하루 세 시간, 일주일에 스무 시간씩 잡아 1만 시간을 숙련하려면 대략 10년 정도가 소요되기 때문입니다. "천재가 아니더라도 1만 시간의 치밀한 노력이 있으면 탁월한 경지에 오를 수 있다"는 주장의 사례는 마이크로소프트의 창업주 빌 게이츠나 비틀즈의 사례에서 찾을 수 있습니다. 우리나라의 '배달의민족'이란 회사를 창업한 청년 기업가 김봉진 대표나 김연아 선수 등도 이에 해당된다고 봅니다.

삶에서 성공은 개인의 자질이라는 변수보다 기회(opportunity)와 유산(legacy)에 의해서 좌우됩니다. 특히 젊었을 때 시간을 아끼고 즐기는 것이 더욱 효과적입니다. 모차르트의 경우 3살부터 신동이라는 소리를 들으며, 어린 시절부터 1만 시간의 연습을 거쳤습니다. 비틀스와 빌 게이츠 역시 1만 시간 이상을 자신에게 투자했습니다.

『사람이 죽을 때 후회하는 25가지』라는 책을 쓴 오츠 슈이치(일본 도호대학 호스피스센터 소장)에 의하면 죽을 때 후회하는 첫 번째가 "사랑하는 사람에게 고맙다는 말을 많이 했더라면"이고 두 번째가 "조금만 더 겸손 했더라면"이랍니다. 웰다잉을 통해 무엇이 중요한지 삶의 우선순위를 깨달아야 할 것입니다.

게리 채프먼은 『5가지 사랑의 언어』에서 사랑을 표현하는 말로 "인정하는 말" "함께 하는 시간" "선물" "봉사" "스킨십"을 거론했습니다. 모든 일에는 때가 있고, 상대가 원하는 방식에 따를 때, 성공할 수 있습니다.

희망에 도전하는 전략을 제시해 봅니다.

첫 번째, 1만 시간=도전.

나이가 들었어도 도전을 두려워해서는 안 됩니다. 젊음은 마음의 상태지 나이의 문제가 아닙니다. 도전과 용기를 가지고 하고 싶은 일을 하는 끈기가 사람을 행복하게 만듭니다. 영국의 리차드 백스터는 "그리스도의 도움이 있는 삶은 희망이 무한히 제공되는 삶이지만 그리스도의 도움이 없는 삶은 소망 없는 종말의 삶이다"라고 했습니다.

두 번째, 끈질긴 기도=도우심.

세상이 악함으로 기도 외에는 다른 방법이 없습니다. 스스로 혼자서 고민을 해결하지 말고 하나님 앞에 내놓고 기도합시다. 하나님을 의지합시다. 영국의 스펄전 목사는 "기도하지 않고 성공하는 사람은 교만으로 망한다. 교만 그 자체가 죄기 때문이다"라고 했습니다. 인도의 선교사 썬다싱은 "젊은이들이여 깨어 기도하라. 그리하면 승리의 그날이 곧 다가올 것이다"라고 했습니다. 결혼, 직장, 노후, 건강 모든 산적해 있는 문제들을 기도로 해결해야 합니다. 하나님께 내놓고 기도하면 하나님께서 도와주십니다.

세 번째, 믿음=문제해결.

감사는 주어진 조건이 아니라 자신이 만들어내는 해석입니다. 감사는 소유의 크기가 아니라 생각의 크기에서 우러나오는 것입니다. 불평을 잉태한 사람은 아무리 풍족해도 항상 불만입니다. 감사할 때 모든 고난 속에서조차 축복을 발견하게 됩니다.

불신앙은 몸에 재앙과 불평과 절망을 주지만, 믿음은 죄악을 소멸시키고 질병에 대한 문제도 해결해줍니다.

네 번째, 겸손=존경.

미국의 국민들에게 존경받는 사람 중 한 명으로 미국인들은 정치가 벤저민 프랭클린을 듭니다. 헌법을 만들었으며, 100달러 화폐에 얼굴이 새겨져 있는 프랭클린이 지금까지도 미국인들에게 존경받는 이유는 그가 어렸을 때 아버지에게 배운 '겸손함' 때문입니다.

프랭클린은 어릴 적부터 키가 매우 컸었는데, 그의 집은 가난했기 때문에 집에 있는 문도 다른 집보다 훨씬 작고 낮았다고 합니다. 그의 아버지는 그에게 "머리를 숙이고 다녀라"라고 주의를 주었지만 그는 가끔 다른 생각을 하다가 문지방에 머리를 박고는 했습니다. 그때마다 아버지는 그에게 "머리가 많이 아프냐? 네가 이 아픔을 평생 잊지 않고 허리를 굽히고 살아간다면 너는 분명 훌륭한 사람이 될 것이다"라고 했습니다. 벤저민 프랭클린은 오랜 시간이 지난 뒤에도 허리를 굽히고 겸손하라는 아버지의 말씀을 잊지 않고 늘 겸손하게 남을 존중하고 약자를 배려하는 마음으로 남은 평생을 살았습니다. 그 결과 이렇듯 사람들에게 존경받는 인물이 되었습니다.

> 나는 포도나무요 너희는 가지라 그가 내 안에 내가 그 안에 거하면 사람이 열매를 많이 맺나니 나를 떠나서는 너희가 아무것도 할 수 없음이라 (요한복음 15:5)

우리의 영적 통치자는 하나님이십니다. 시간을 아끼고, 창조주 하나님의 뜻에 따르고 경외하며 순종할 때, 하나님은 우리의 지도자가 되어주십니다. 하나님의 도움에 힘입어 희망의 끈과 소명을 성취했으면 합니다. 영국의 대주교 로비드 레이턴은 말했습니다.

"하나님과 가장 가까이 있는 사람은 자신이 죄인임을 인정하고 겸손히 자신을 낮추는 사람이다."

내 자신을 낮추고 고백합니다.

"하나님 저는 부족하고 나약하지만 함께 있기를 원합니다. 나를 도와주시고 나를 통해 주님의 뜻을 이루소서, 아멘."

하나님의 거룩한 이름은 "나는 스스로 있는 자니라" (출애굽기 3:14) 는 의미를 갖고 있습니다. 이 말은 하나님이 모든 피조물과 상관없이 스스로 주권을 가진 분일뿐만 아니라, 임재를 통해서 이스라엘의 조상과 맺은 모든 언약을 보증하시는 분임을 뜻합니다. (이사야 41:4, 42:6~8)

한글 성경은 하나님의 이름을 '여호와' 로 옮깁니다. 학자들은 '야웨' 라고 읽으며, 이스라엘 사람들은 '나의 주' 라는 뜻인 '아도나이' 로 읽습니다. 그 밖에도 하나님은 엘로힘(전능하신 하나님), 엘 올람(영생하시는 하나님), 엘 샤다이(모든 것을 충족케 하시는 하나님), 엘 로이(알고 계시는 하나님), 여호와 이레(준비하시는 하나님), 여호와 라파(치료하시는 주님) 등으로 불립니다.

에필로그

하나님의 부르심을 깨닫는
믿음 생활

"우리는 하나님의 역할을 대신할 수 없고, 하나님은 우리 역할을 대신하지 않으신다." (브루스 윌킨스)

우리는 분주함과 치열함, 중요한 것과 시급한 것, 거창한 일과 하찮은 일을 혼동해서 삽니다. 그저 부지런하고 열심히 살면 얻어질 것으로 생각하지만 진지한 고민, 삶의 회의, 시련과 고통을 선택할 수 있는 올곧음이 필요합니다.

처음엔 인생이 짧고 편한 길이라 생각했지만, 인생은 제가 준비한 것보다 훨씬 길고 험한 마라톤이었습니다. 행복과 성공을 향해 앞만 보고 달렸지만 정작 무엇으로 살았는지 후회도 됩니다. 뭔가의 갈급함과 아쉬움이 생기며, 근심과 걱정이 쓰나미처럼 다가옵니다. 이럴 때 그분께서 말씀하십니다.

"근심하지 말라. 하나님을 믿고 또 나를 믿으라."

그렇습니다. 하나님께서 집을 지키지 않으시면, 사람이 집을 지켜도 헛된 일입니다. 돈을 벌고 가정을 지키기 위해 모든 것을 희생하면서 열심히 살았지만, 어느 순간 희생이라 생각했던 일 때문에 가정이 무너진 사람들이 많습니다. 단란하고 사랑이 넘치던 평범했던 가정이 사회에 분을 품고 휘둘린 흉기로 인해 산산조각 깨지는 경우를 목격하고 있습니다.

한때 세상을 호령하던 권력가들과 재벌들이 환자복으로 갈아입은 채 법원에 출두하는 모습을 뉴스를 통해 가끔 볼 수 있습니다. 그런 모습을 볼 때면 삶이란 무엇이며 어떻게 인생을 사는 것이 행복한 삶인지에 대한 생각에 자못 숙연해지는 것을 느끼게 됩니다. 자신이 가지고 누렸던 모든 것을 먼저 세상에 내놓고 인생 경기에 질주해야 한다는 것을 깨닫게 되었습니다. 바로 예수 그리스도께서 사람을 위해 인간의 모습으로 우리에게 가장 낮고 천한 모습으로 다가 오신 이유가 아닙니까?

뾰족한 처방이나 정답은 아니겠지만 참 크리스천으로 사람들을 위한 다음 세 가지 방안을 제안해 봅니다.

첫째, 최선의 기도로 삶 전체를 이끌어가야 합니다. 기도는 천국에 이르는 열쇠입니다. 둘째, 사랑으로 세상을 감싸는 것입니다. 예수님이 기적을 베푸신 것처럼 우리도 할 수 있는 한 최대로 이웃을 향한 긍휼의 마음을 보이는 것입니다. 마지막 세 번째는 죽기 전까지 지속적인 공부로 나이는 들어도 가슴과 머리는 젊음을 유지하는 것입니다. 경제적으로 힘들고 어렵다는 소식, 스펙 쌓기와 학벌에 치여 질식하는 청년 실업자, 장수가 오히려 재앙으로 바뀌는 이제 껏 경험하지 못했던 문제점들로 국가, 가정과 학교가 흔들리고 있습니다.

"사람이 감당할 시험 밖에는 너희가 당한 것이 없나니 오직 하나님은 미쁘사 너희가 감당하지 못할 시험 당함을 허락하지 아니하시고 시험 당할 즈음에 또한 피할 길을 내사 너희로 능히 감당하게 하시느니라"(고전 10:13)

주님은 세상의 모든 것은 아름답고 오늘을 위해 우리를 예비하셨습니다.

주님은 모든 것을 통치하는 선의 표준으로 살아계십니다.

주님은 이 모습 그대로 우리를 사랑하는 존재이십니다.

주님은 우리의 열망과 행복을 이끄시는 리더이십니다.

주님은 끝없는 우리의 만족과 충족을 주시는 아버지이십니다.

이 책을 쓰게 된 가장 큰 이유 중 하나도 자신의 약함과 약점을 통해 주님이 주실 축복을 계수하며, 댐이 농사를 위해 물을 준비한 것처럼 생각했던 지푸라기 조각의 지식을 나누어 옳은 일이 무엇인지 알게 하는 것입니다.

나는 행복한 크리스천으로 죽기 전에 꼭 해보고 싶은 몇 가지 소망을 점검해 보았습니다. 분노에서 용서로, 부족함에서 넉넉함으로, 절망에서 소망으로 바뀌는 능력과 긍휼을 실행하는 크리스천이 되겠습니다.

- 나는 주님을 섬길 준비가 되어 있는가.
- 책임감 있는 신앙인의 모습을 가지고 있는가.
- 복음 확장에 노력하는가.
- 삶의 여행을 즐기고 있는가.
- 주님을 신뢰하고 있는가.
- 긍휼과 섬김의 자세를 가지고 있는가.
- 교회와 사람 앞에서 정직한가.
- 예수님과 이웃들과 소통하고 있는가.
- 굳건한 소명으로 충성을 다하는가.
- 미래의 꿈과 열정을 소유하고 있는가.

모쪼록 부족하지만 이 책의 행간을 기억하시고 하나님의 부르심을 깨닫고 정결하고 성결한 행함이 있는 믿음 생활을 준행하셨으면 합니다.

실패했다고 포기하거나 좌절하지 맙시다. 하나님의 임재를 체험합시다. 주님은 이미 우리의 필요를 아시고 넉넉히 채워주십니다.

결단할 때 주님이 함께 하심을 믿습니다. 그 일이 비록 힘들지라도 행할 수 있는 용기를 주옵소서. 아멘.